Dieses Büchlein ist meinem hochverehrten Lehrer Sri Ganapathi Sachchidananda Swamiji gewidmet.

Susanna Sarasin

Das Tier im Menschen

Die Deutsche Nationalbibliothek verzeichnet diese Publikation in der Deutschen Nationalbibliografie; detaillierte bibliografische Daten sind im Internet über http://dnb.dnb.de abrufbar.

Herstellung und Verlag: BoD – Books on Demand, Norderstedt
ISBN: 978-3-7448-6759-7

Inhaltsverzeichnis

Einführung

Beim Abschluss von Buch 4 zeichnete sich bereits das Thema von Buch 5 ab: *Das Tier im Menschen*. Ich konnte mir aufgrund meiner Ausbildung in Traumatologie vage etwas darunter vorstellen. Wie daraus aber ein ganzes Buch entstehen sollte, war mir schleierhaft. Noch viel weniger konnte ich ahnen, welche eigenen Prozesse mit diesem Thema verbunden waren. Ich denke, das war auch gut so, denn sonst wäre ich in Angst und Panik geraten.

Im Grunde genommen begann das Projekt „Buch 5" schon nach Abschluss von Band 3, jedoch auf ganz harmlose Art und Weise. Doch davon mehr im ersten Kapitel. Mein geliebter Lehrer Swamiji (sprich „Swamitschi") bereitete mich langsam darauf vor, mich mit einer neuen Ebene in mir zu befassen. Hier gab es noch einiges, das ich verstehen lernen musste.

Doch wer ist Swamiji? Meiner Meinung nach ist er eine für unser Ermessen so weit fortgeschrittene Seele, dass wir seine wirkliche Grösse kaum erfassen können. Für mich ist es ein riesengrosser Segen, von diesem weisen Lehrer begleitet und geschult zu werden. Weil viele Leser Swamiji schon aus den vorangehenden Bänden kennen, finden sich weitere Informationen über ihn im Anhang. Ebenso liefern dir folgende Internetseiten einiges an Wissen:
www.dattapeetham.com (englisch)
www.dyc.ch (deutsch).

In den folgenden Kapiteln möchte ich dich, lieber Leser, auf meine Reise mitnehmen. Das Buch ist chronologisch aufgebaut und spiegelt in jedem Kapitel meine zu diesem Zeitpunkt gegebenen Möglichkeiten, mit der Realität umzugehen. Somit geniesst du, lieber Leser, sehr authentische Schilderungen über mein Fühlen und Denken in verschiedenen Phasen meines Lebens bzw. meines Prozesses. Dies soll dir einen Eindruck davon vermitteln, wie eine Entwicklung aussehen kann. Zeitweise fühlte ich mich nämlich wie ein kleines Boot mitten auf einem stürmischen Ozean. Die Wellen schienen mich herumzuschleudern und manchmal schier zu „verschlucken". Doch wer dem Sturme zu trotzen weiss und sich nicht unterkriegen lässt, wird irgendwann eine Lösung finden.

Allerdings stellt sich die Frage: Woran soll man sich orientieren, wenn ein orkanartiger Wind das Meer peitscht? Wie kann man überhaupt sinnvolle Entscheidungen fällen, wenn man einzelne Zusammenhänge noch nicht sehen geschweige denn begreifen kann, weil das Leben chaotisch wirkt?

Hier folgt mein vielleicht wichtigster Rat des gesamten Buchs: Lerne auf dein Herz hören! Übe, dass du selbst in schwierigsten Zeiten diese Stimme noch wahrnehmen kannst. Wenn alles drunter und drüber geht, ist es in dir möglicherweise so stürmisch, dass deine Gedanken nur noch im Kreise drehen und du keinen Zugang mehr zu dieser Stimme findest. Also musst du vorbereitet sein und in ruhigen Zeiten mittels Meditation und/oder anderen Techniken trainieren.

Ich für meinen Teil pflege eine enge Verbundenheit mit meinem Lehrer Swamiji. Wann immer ich einen Rat benötige, horche ich auf seine weisen Anleitungen, die ich auf innerer Ebene empfange. Ich muss nur in mich hineinhören und dieser Stimme vertrauen.

Was hier so einfach tönt, kann sich allerdings recht schwierig gestalten. Auch ich bin nicht über alle Zweifel erhaben und frage mich in Augenblicken grösster Not, ob mir meine Wahrnehmung keine Streiche spielt. Kann ich mir soweit vertrauen, dass ich auch bei ärgeren Turbulenzen Swamiji in mir höre und fühle und nicht meiner Phantasie erliege?

So bemühe ich mich, die Verbindung zu meiner inneren Stimme und somit auch zu Swamiji zu pflegen und sie in mein Dasein zu integrieren. Meine Erfahrung lehrte und lehrt mich: je besser ich dies beherrsche, umso erfolgreicher verlaufen mein Alltag und mein gesamtes Dasein. Aber eben: auch ich selbst befinde mich nicht auf einem gemütlichen Sonntagsspaziergang. Zeitweise schlägt mein Leben Kapriolen, die mich in üble Bedrängnis bringen. Davon wirst du dich, lieber Leser, gleich selbst überzeugen können.

Wie bei den vorhergehenden Büchern möchte ich dir auch mit diesem Band helfen, mit der eigenen Geschichte besser umgehen zu können. Zudem soll er dich motivieren, aktuelle Möglichkeiten zu erkennen und beherzt zu ergreifen. In diesem Sinn: gute Reise!

Das Tier im Menschen

Um es gleich vorweg zu nehmen: der Titel des Buches hat absolut keinen wertenden Charakter. „Tier" soll hier nicht als Schimpfwort verstanden werden. Dafür hege ich viel zu viel Achtung für all die Kreaturen, welche die Erde bevölkern. Zudem wissen wir viel zu wenig über die gesamte Schöpfung, um irgendwelche Urteile zu fällen.

In den folgenden Kapiteln erlaube ich mir lediglich, wissenschaftliche Erkenntnisse über die menschliche Entwicklung zu nutzen. Sicher stehen wir auch hier noch vor vielen Rätseln. Es gibt aber auch fundierte Forschung, welche als Basis für die weitere Suche nach Antworten dienen kann.

In ihrem comic-artigen Buch „Das neuroaffektive Bilderbuch" beschreibt Marianne Bentzen (s. Literaturverzeichnis) ein Modell des Hirnforschers Prof. Paul MacLean. Dieses unterteilt das menschliche Gehirn im Wesentlichen in drei Entwicklungsebenen. Die erste entspricht funktionell derjenigen eines Reptils. Die zweite wäre dem Gehirn eines Säugetiers wie beispielsweise einer Katze zuzuordnen. Die dritte Ebene wird als letzte entwickelt und gleicht vom Aufbau her dem Gehirn höherer Säugetiere wie z.B. den Menschenaffen.

Auf jeder Ebene werden ganz bestimmte Fähigkeiten aufgebaut. Ein Säugling beispielsweise ist noch stark damit beschäftigt, seine Sinneswahrnehmungen (u.a. Spüren und Sehen) zu entwickeln und dadurch in eine Interaktion mit der Welt zu treten. Dafür braucht er verschiedene Grundfähigkeiten, welche auf der ersten Ebene der Hirnentfaltung („Reptilienebene") erworben werden. Diese Fähigkeiten bilden wiederum die Grundlage für die weitere Entwicklung auf der zweiten Stufe (einfaches Säugetier). Erst einige Zeit später, auf der dritten Entwicklungsstufe (höheres Säugetier), sind dann komplexere Leistungen möglich.

Bei unserer Entwicklung durchlaufen wir also Stadien, wie sie im Tierreich zu finden sind. Dabei beginnen wir mit dem Aufbau von primitiveren Eigenschaften (wie sie eben auch Reptilien entwickeln), bevor wir uns dann die höheren Errungenschaften der Evolution (z.B. logisches Nachdenken) aneignen. Diese Erkenntnis ist insofern wichtig, als wir oft vergessen, dass wir nicht nur rein rationale Wesen sind, welche das Leben mit Analyse und Logik bewältigen können. Weshalb ist dieses Wissen von Bedeutung?

Manch einer hat sich schon vor einer Situation gesehen, in der er sich plötzlich hilflos wie ein Baby vorkam. Trotz eines enorm grossen Wissens und vielen Fähigkeiten gibt es Bereiche, die sich unserem gewollten Handeln entziehen. Etwas in uns scheint zu machen, was es will. Ich möchte beispielsweise an die feuchten Hände und zitternden Knie erinnern, wenn wir vor einer grossen Menge Menschen sprechen sollten. Vielleicht kannst du, lieber Leser, mit dem Beispiel „Schokolade" (kann durch Chips oder eine andere Leibspeise ersetzt werden) mehr anfangen. Noch gestern nahm ich mir vor, täglich nur zwei Häuschen davon zu essen. Jetzt schwimmen schon zwei Reihen der süssen Köstlichkeit in meinen Magensäften. Oder fühlst du dich mehr angesprochen, wenn es um den Vorsatz geht, dich in Zukunft besser abzugrenzen? Schon wieder hast du „ja" gesagt, obschon du es nicht wirklich wolltest. Falls nichts auf dich zutrifft, lass deine eigene Phantasie spielen. Ich nehme an, du weisst inzwischen, wovon ich spreche.

Viele unserer Probleme, seien sie psychischer oder physischer Natur, entstehen in den ersten Tagen und Wochen unseres irdischen Daseins. Sie sind also ein Ergebnis der frühen Entwicklung, u.a. der „Reptilienphase". Dieser Teil in uns ist nicht leicht zu bearbeiten, denn er wurde erschaffen, bevor rationales Denken möglich war. Es nützt deshalb nichts, wenn wir ihn mit unserer Vernunft ansprechen und ihm unsere Wünsche mitteilen. Er reagiert leider nicht darauf. Die Lust auf Schokolade wird unvermindert sein, auch wenn wir diesen Teil bitten, doch lieber nach Karotten zu verlangen.

So stehe auch ich immer wieder vor Problemen, die schwer überwindbar scheinen. Sie trotzen jeglichem Versuch, sie mittels Verstand in sachlicher Manier zu lösen. Teilweise muss ich mich dann durch viele Schichten von Emotionen und Erkenntnissen durchwühlen, bis ich zu begreifen beginne, weshalb diese Probleme überhaupt bestehen. Das Leben scheint mich in solchen Augenblicken förmlich von einer Situation in die nächste zu werfen und zu zwingen, mein Menschsein tiefer und tiefer zu verstehen. Allmählich erweitern sich so meine Möglichkeiten, Einblicke in Zusammenhänge zu gewinnen, die mir neu sind. Damit verändert sich meine gesamte Sichtweise über die Welt. Dies wiederum erzeugt neue Verhaltensweisen in verschiedenen Situationen. Wenn ich Glück habe, komme ich so zu besseren Ergebnissen.

Wir müssen uns also nicht schämen, wenn wir mit unserem rationalen Denken die Probleme nicht wegzuzaubern vermögen. In den folgenden Kapiteln wirst du, lieber Leser, mitverfolgen können, dass selbst umfangreiches Wissen nur teilweise von Nutzen ist. Indem du an meinem Prozess teilnehmen kannst, wirst du erkennen, welche zusätzlichen Qualitäten für einen Heilungsweg dienlich sind. Eine zentrale Fähigkeit habe ich im letzten Kapitel bereits ausgeführt: *die Verbindung zur inneren Stimme*. Daneben gibt es noch weitere Voraussetzungen, die für einen Erfolg wichtig sind. Diese gilt es gezielt zu fördern. Dazu jedoch mehr gegen Ende dieses Buches.

Die dreistufige Hirnentwicklung werde ich im Folgenden nicht mehr verwenden. Ich wollte damit nur aufzeigen, dass wir möglicherweise mehr an tierischem Erbe in uns tragen, als uns dies bewusst ist. Das Thema als solches werden wir jedoch noch intensiv in einer anderen Form besprechen.

Als nächstes werde ich noch kurz den Aufbau des Buches erläutern, damit du dich auf den folgenden Seiten orientieren kannst und weisst, was dich erwartet.

Aufbau des Buches

Wie bereits gesagt beschreibt dieses Buch meinen eigenen Prozess. Es beginnt an einem Punkt, an dem ich selbst den Überblick über das Geschehen noch nicht habe. Dies bleibt auch während längerer Zeit der Fall. Du, lieber Leser, kannst somit mein Erleben unmittelbar mitverfolgen. Dabei erfährst du, wie ich mit meinem Wissen und meinen Möglichkeiten meine Probleme angehe. Im Verlauf der Kapitel setzt allmählich ein Verstehen ein. Was vorher ev. noch als unerklärlicher Schicksalsschlag wirkte, bekommt plötzlich einen Sinn. Schlussendlich finde ich Formen, die vieles erklären helfen. Gleichzeitig eröffnen sie mir auch neue Therapieansätze. Ich finde nämlich Möglichkeiten, mit dem tierischen Teil in uns gezielter umzugehen. Dies gibt dir möglicherweise Ideen, wie du selbst mit deinen eigenen Problemen umgehen könntest. Wenn mir das gelingt, freut es mich von Herzen. Dann können wir gemeinsam den Weg weiter beschreiten, der uns hoffentlich mehr und mehr unseren Zielen näher bringt.

In diesem Sinn wünsche ich dir viel Vergnügen bei der Lektüre der folgenden Seiten.

1 Vögel

Ich kann nicht behaupten, dass mich die folgende Eingebung begeistert hätte:

Es war *Navaratri* (s. Glossar) 2015. Ich spazierte mit Gargi (indischer Name meiner Begleiterin) durch den *Ashram* (s. Glossar) von Swamiji in Mysore (Indien) und wir besprachen allerlei. Jäh durchfuhr mich die Erkenntnis, dass ich mir Vögel anschaffen sollte.

Das kam für mich sehr überraschend. Eigentlich hatte ich mir schon vor längerer Zeit vorgenommen, keine Tiere zu halten, weil ich einfach zu wenig Zeit hatte, mich um sie zu kümmern. Ich kannte mich gut genug, um zu wissen, dass ich bei Stress nicht unbedingt liebenswürdig war. In diesen Momenten reagiere ich eher ungeduldig und teilweise aggressiv. Das wollte ich keinem Geschöpf antun, am wenigsten mir selbst. Unbeherrschtes Verhalten, unter dem andere leiden, beschert mir unmittelbar ein schlechtes Gewissen, womit ich noch unausstehlicher werde. Nun erfolgte wie aus dem Nichts dieser innere Aufruf. Mehrfach horchte ich in mich hinein, um sicher zu sein, dass ich nicht irgendwelchen merkwürdigen Phantasien auf den Leim ging. Die Stimme blieb jedoch klar und konstant in mir bestehen: Vögel sollten in mein Leben kommen.

Mir war klar, dass ich mir nur kleine und relativ pflegeleichte Tiere anschaffen wollte. Es mussten mehrere sein, denn ein einzelnes Tier war auf eine Bindung mit mir angewiesen, die ich wegen Zeitmangels nicht leisten konnte. Mit entsprechenden Plänen reiste ich nach dem Navaratri nach Hause. Zum Glück ahnte ich zu diesem Zeitpunkt nicht, dass ich mit einem „Ja" zu den gefiederten Gästen die Zustimmung zu einem weitaus grösseren Projekt gab.

Wenn ich mir etwas vorgenommen habe, schiebe ich es in der Regel nicht lange auf. So stand ich wenige Tage nach meiner Rückkehr aus Indien bereits in einem Zoogeschäft und betrachtete die Vögel in den Volieren. Im Grunde genommen war es mir zuwider, ein solch freiheitsliebendes Geschöpf hinter Gittern zu halten. Doch gleichzeitig war mir klar, dass ich meine innere Stimme nicht ignorieren konnte.

Sie war für mich bei all meinen Entscheidungen zentral und hatte sich bisher bewährt. Also wollte ich mir auch diesmal treu bleiben.

Da ich keine Ahnung von der Vogelhaltung hatte, liess ich mich beraten. Es dauerte nicht lange, bis ich erkannte, dass Zebrafinken für meine Zwecke geeignet waren. Ich liess mir ein Pärchen reservieren und stellte mit der Verkäuferin das notwendige Material zusammen.

Bereits einen Tag später fuhr mich meine Freundin Kumari ins Zoogeschäft und half mir, meine neuen Mitbewohner samt Zubehör nach Hause zu transportieren. Nun konnte das Abenteuer „Zebrafink" beginnen.

Leider dauerte es nicht lange, bis ich mir ernsthaft die Frage stellte, ob diese Entscheidung wirklich weise gewesen war. Nachdem die beiden Vögel am Anfang ganz still in ihrem Käfig im Therapieraum gesessen hatten, wurden sie zusehends aktiver. Sie begannen, wild umherzuflattern und ununterbrochen zu „schwatzen". Damit hatte ich nicht gerechnet. Im Eiltempo musste ein neuer Platz für die beiden Tiere gefunden werden. Schliesslich brachte ich sie in mein Wohnzimmer. Genau dies hatte ich vermeiden wollen, weil ich mich tagsüber selten im oberen Stockwerk und noch seltener im Wohnzimmer aufhalte. So würde ich meine Vögel nicht häufig sehen. Als sich herausstellte, dass sie nicht nur laut waren, sondern rund um den Käfig eine Sauerei entstand, fand ich den Teppich und die Anordnung der Möbel sehr unpraktisch. Kurz entschlossen unterzog ich meine gute Stube einer gründlichen Veränderung: fast alle Möbel sowie der Teppich mussten einer ganz schlichten Ausstattung weichen. Nachdem auch weitere Teile des ersten Stocks mit Mitbringseln vom Ashram versehen worden waren, herrschte hier eine völlig neue Energie, die mir ausserordentlich gut gefiel. Soweit so gut.

Bald begann mich diese ständige Aktivität der Zebrafinken zu stressen. Ich war innerlich schon nervös genug. Nun schien ich zusätzlich Tiere zu haben, die sich nicht minder unruhig verhielten. Dazu kam, dass das Männchen plötzlich Laute auszustossen begann, die an eine verrostete Schaukel erinnerten. Was am Anfang nur selten zu hören war, wurde zum Dauer-Ruf. In mir wuchsen das Unbehagen und die Überforderung. Ich hatte der Verkäuferin doch klar gemacht, dass ich keine lärmenden Hausgenossen wollte. Nachdem ich im Internet nachgeforscht hatte, bestätigte sich mein Verdacht: das Männchen balzte. Es war jung und offensichtlich sehr potent und eifrig. So anregend einzelne Tierhalter solche Balzrufe finden mögen: für mich war es unerträglich. Endlich fand ich eine Lösung für mein Debakel: ich würde das Männchen zurückbringen und mir ein zweites Weibchen kaufen.

Wiederum konnte ich auf meine gute Seele Kumari zählen. Mir selbst fehlte die Zeit für den Gang in die Zoohandlung. Sie übernahm diese Aufgabe gerne und kurze Zeit später verliess ein neues Zebrafinken-Weibchen fluchtartig die Transportschachtel und gesellte sich zu meinem einsamen Vögelchen im Käfig. Die beiden Tiere waren sofort ein Herz und eine Seele und sassen bald eng beieinander auf einer Sitzstange. Ich war froh über diesen Umstand, denn man hatte mir in der Zoohandlung angedeutet, dass die Haltung von zwei Frauenzimmern problematisch sein und sich ein ewiger „Zickenkrieg" einstellen könnte. Bald nahm ich wahr, dass die Energie eine ganz andere geworden war: sie fühlte sich viel weicher an als vorher mit dem Männchen, viel weniger wild. Ich war sehr erleichtert und fühlte mich wohler und zuversichtlicher. Als ich mir endlich ein bisschen mehr Zeit nehmen und die beiden Vögel betrachten konnte, nahm ich ganz verblüfft wahr, dass mich mit dem neuen Zebrafinken eine besondere Beziehung verband. Es fühlte sich an, als herrsche hier eine ganz enge Seelenbindung. Mir schien auch, als wäre es schicksalhaft, dass dieses Tier bei mir gelandet war. Weshalb dem so war, konnte ich allerdings nicht verstehen.

Nun kehrte endlich ein bisschen Ruhe ein, dennoch waren mir die Tiere sehr fremd. Ich hatte keine Ahnung, wie ich mich ihnen nähern sollte, ohne dass sie gleich ängstlich umherflatterten. Am ehesten reagierten sie auf ruhiges Sprechen. Auch bezüglich Futter und Ausstattung des Käfigs wusste ich nicht recht, was ihnen zusagte. Ich konnte also nicht behaupten, dass ich mich mit den neuen Gästen wirklich wohl fühlte. Doch – wie so oft – musste ich einfach die Zeit für mich arbeiten lassen. Allmählich merkte ich, dass ich mich an die Gegenwart der Tiere gewöhnte und es schon fast vermisste, wenn ich sie nicht hörte. Sie ihrerseits schienen mit mir vertrauter zu werden. Sie erkannten gewisse Regelmässigkeiten in meinem Tagesablauf und begannen sich danach auszurichten. So wussten sie beispielsweise genau: wenn ich im oberen Stock das Bad reinigte, bekamen sie kurz darauf ihr Futter. Folglich ertönte pünktlich zu diesem Zeitpunkt lautstarkes Rufen, das mir un-missverständlich klarmachte: jetzt sind wir an der Reihe! Bald fand ich heraus, was sie besonders gerne frassen. Diesen Leckerbissen bekamen sie in der Folge ganz exklusiv täglich in einer kleinen Portion am Mit-tag serviert. Auch auf diesen Zeitpunkt warteten sie jeweils ganz ge-zielt und reklamierten unüberhörbar, wenn ich ihn in der Eile überging oder die Zeit nicht einhielt. Mehr und mehr gewöhnten wir uns anei-nander und manchmal empfand ich sogar ganz zärtliche Gefühle für diese grazilen Geschöpfe.

Eines Morgens wollte ich meine beiden Damen wie gewohnt versor-gen. Statt wie üblich sofort ihren Schlafplatz im Nest zu verlassen und mich auf einer Stange sitzend zu empfangen, blieb das erstgekaufte Weibchen liegen und sah sehr mitgenommen aus. Mir blieb das Herz stocken: War das Tier krank? Was machte man in einem solchen Fall? Konnte ein Tierarzt behilflich sein? Beklommen schwatzte ich auf das Vögelchen ein, das sich dann ungelenk zu bewegen begann. Als es schliesslich auf dem Nestrand stand, traute ich meinen Augen kaum: im Nest lag ein Ei. Nun verstand ich: gemessen an der Grösse des Vo-gels war das Ei natürlich riesig. Wie bei der Geburt eines Kindes musste das Tier Schmerzen gehabt haben. Zudem wusste es ja nicht, was mit ihm passierte. Ich wiederum wusste nicht, was hier vor sich ging, ob ich nun Nachwuchs erwarten durfte oder nicht. Wiederum brachte das Internet Aufklärung und ich begann zu verstehen, dass das Ei sehr wahrscheinlich unbefruchtet war. Dennoch liess ich die Natur walten. In der Folge legte der Vogel noch weitere drei Eier. Die gut zweiwöchige Brutphase war für alle einschneidend: das Verhalten der Vögel veränderte sich nur schon deshalb, weil das eine Tier nun mehr-heitlich im Nest sass. Damit wirkte das andere zeitweise ein bisschen verloren und einsam. Beide waren viel ruhiger. Ebenso gab es eine Wandlung in meiner Beziehung zu ihnen. Das Wunder der Natur, die neues Leben erzeugt, sowie die Rolle des Weiblichen bei der Zeugung von neuem Leben, bewegten mich tief. Voller Ehrfurcht begegnete ich dem Phänomen und verwöhnte meine beiden Damen mit Sonderhäppchen und mehr Präsenzzeit. Nach gut zwei Wochen setzte ich dem Ausnahmezustand ein Ende. Mittlerweile war klar, dass die Eier unbefruchtet waren. Ich fand, dass es an der Zeit war, dass sich die beiden Damen wieder mehr bewegten. Vor lauter Nichtstun schienen sie gar keinen Appetit mehr zu haben. Das Fressen blieb oft fast unberührt. Durch das Entfernen der Eier erntete ich zwar lauten Protest und einen Tag lang chaotisches Verhalten, dann pendelte sich aber bald alles wieder ein. Nein: es pendelte sich eben nicht wieder ein, es gestaltete sich eine neue Situation. Die Vögel waren ruhiger geworden und blieben es in der Folge auch. Mein Verhalten hatte sie zutraulicher werden lassen. Die gefiederten Gäste waren mir zudem ans Herz gewachsen. Irgendwie teilten wir nun etwas Besonderes: die Verkörperung des weiblichen Elements, das ganz spezifische Lebens- und Ausdrucksformen mit sich brachte. Wir waren nun eine verschworene Einheit.

Hier hätte es in meinem Kopf eigentlich schon schalten müssen: *Weiblichkeit – Essstörung – Migräne!* Dieses Trio war mir sehr wohl bekannt. Es beherrschte mein Leben schon seit vielen Jahren. Der riesige Problem-Komplex wurde nun in einer ganz neuen Tiefe in mir berührt. Dies sollte ein ganzes Erdbeben zur Folge haben, wie sich gleich zeigen wird.

Wie ich im Vorwort bereits erwähnt habe, ist für mich die Verbindung mit meiner inneren Stimme zentral. Erreicht mich ein solcher Aufruf wie derjenige bezüglich der Anschaffung der Vögel, nehme ich ihn unter die Lupe. Erweist er sich als seriös, frage ich nicht lange nach. Selbst wenn es einige Probleme zu lösen gibt, folge ich ihm und kümmere mich sogleich um die Realisation. Erst viel später wird mir in der Regel klar, wofür dieser Schritt wichtig war. Meistens erkenne ich dann, welche Entwicklungs- und Heilungsprozesse durch das Projekt mit seinen Turbulenzen möglich wurden. Wäre ich dem Aufruf nicht gefolgt, wäre ich in alten Gewohnheiten stecken geblieben. Damit hätte ich krankhafte Muster in mir weiter gepflegt, mir also eine wichtige Chance auf Heilung versagt.

2 Geld

Ich weiss gar nicht mehr, wie es zu dieser Verknüpfung kam: irgendeinmal erkannte ich sie einfach als Fakt in meinem Leben, der funktionierte, und zwar folgendermassen: ein am Boden gefundenes Geldstück bedeutet für mich *Glück*. Wofür dieses Glück steht, hängt jeweils davon ab, woran ich in diesem Augenblick denke. Dieses Phänomen liess mich schon die merkwürdigsten Situationen erleben.

Einmal, vor einem Navaratri, fühlte ich mich sehr gestresst. Da kam mir das Phänomen meiner Glücksboten in den Sinn. Etwas sarkastisch dachte ich: eine einzelne Münze reicht gar nicht aus, um mich selbst zu beruhigen, dass alles gut gehen wird. Ich konnte es kaum fassen: in einer der folgenden Wochen fand ich in einem Geschäft einen liegen gelassenen *Geldbeutel*. Ich gab ihn beim Kundendienst ab und wurde kurz danach durch die glücklichen Augen einer älteren Frau belohnt, die ihr Geld gesucht hatte. Dankbar drückte sie mir einen ansehnlichen Batzen in die Hand. Das Schicksal hatte mir die Antwort gegeben.

Doch die folgende Situation übertrifft wohl alles, das ich in dieser Beziehung je erlebt habe.

Meine Gesundheit bereitete mir wieder einmal grosse Sorgen. Seit einer Weile nahmen die Häufigkeit und Intensität meiner Migränen zu. Bald liessen sie sich nicht mehr in Schach halten. Tag und Nacht litt ich unter Schmerzen, selbst die Schmerzmittel konnten sie nur noch teilweise unterdrücken. So schlimm war meine Situation noch nie gewesen. Guter Rat war teuer, denn bezüglich prophylaktischer Massnahmen hatte ich bereits alles unternommen, was die Medizin sowie die Komplementärmedizin zu bieten haben. Doch nichts mehr half. Meine Situation machte mir Angst, ich wusste nicht mehr weiter.

Genau in dieser verzweifelten Phase reiste ich an einem frühen Sonntagmorgen in die Stadt, um im Bahnhof einzukaufen. Dabei gönnte ich mir noch einen Kaffee und machte mich dann auf den Heimweg. Als ich durch den Bahnhof zum Perron ging, kam ich wie üblich an Billett-Automaten vorbei. Und da sah ich es: in einem der Automaten steckten in einem Geldnotenschlitz zwei Geldscheine: eine Zehner-

und eine Zwanzigernote. Niemand befand sich in der Nähe. Die Scheine hingen einfach dort in diesem Schlitz. Fassungslos starrte ich sie an und sah mich noch einmal um, ob denn niemand zu diesem Geld gehörte. Aber ich war effektiv alleine vor diesem Automaten. So fasste ich mir ein Herz, zog die Scheine heraus und steckte sie ein. Der Geldwert war mir nicht wichtig, aber der symbolische Wert bedeutete mir unwahrscheinlich viel. Unmittelbar wurde ich innerlich ruhiger und sagte mir: *ok, das Schicksal hat zu dir gesprochen. In deinem Leben hat es immer wieder Wege gegeben. Auch diesmal wird es einen geben, selbst wenn du ihn noch nicht sehen kannst.* Tief bewegt fuhr ich nach Hause. Ich ahnte, dass mich die Lösung diesmal auf ganz andere Wege führen würde. Mein geliebter Swamiji ermutigte mich zudem, auch einschneidende Schritte zu unternehmen. Also stellte ich mich einer ganz neuen Erfahrung.

3 Botox

Wie bereits gesagt: meine gesundheitliche Situation war prekär. Dessen war ich mir schon eine Weile bewusst. Ausgelöst war mein misslicher Zustand durch einen Raubbau meiner Kräfte geworden, der effektiv jedes vernünftige Mass gesprengt hatte. Wie war ich nur in eine solche Lage geraten?

Wie bereits in Band 4 beschrieben, nahm unser geliebter Swamiji am Navaratri 2015 unsere Einladung in die Schweiz an. Unsere Freude war riesig. Ebenso wussten wir aber, dass auf uns ein Berg an Arbeit zukommen würde. Die Organisation des entsprechenden Events verlangte von den Verantwortlichen einen grossen Einsatz. Verschiedenste Bereiche wollten abgedeckt sein: Buchen einer geeigneten Örtlichkeit (Seminarzentrum mit guter Atmosphäre und ca. 200 Betten) zu einem möglichst moderaten Preis, Verfassen und Verschicken von Einladungen, Entgegennahme und Buchung von Anmeldungen, Organisation einer Konzerthalle, Werbung für das Konzert, Ticketverkauf, Ausgestaltung und Schmücken aller Örtlichkeiten, Organisation von Blumen sowie deren Verarbeitung (z.B. Herstellen von Kränzen und Sträussen für die verschiedenen Rituale), Organisation einer Küche für die spezielle Verpflegung von Swamiji, Koordination von Transporten von Unmengen verschiedenster Materialien und Personen, und und und. Auch ich beteiligte mich stets an diesen Arbeiten. Während der letzten Jahre hatte ich mich vorwiegend um die Blumen gekümmert.

Unvermittelt erreichte mich ein Anruf von Shabari, unsere Hauptkoordinatorin des Events, ob ich vielleicht jemanden kenne, der das Anmeldewesen betreuen könnte. Ich fragte nach, was dies denn bedeuten würde. Die Antwort erzeugte in mir eine vage Vorstellung, die mich zur Aussage veranlasste, dass wir Berner dies übernehmen könnten. Dabei hatte ich bereits zwei liebe Kollegen im Kopf, die mir sicher helfen würden. Sie sagten in der Folge beide zu. Also starteten wir wohlgemut dieses Projekt.

Doch o weh, ich hatte mich verrechnet: dieses Ressort entpuppte sich als extrem aufwändig und komplex. Einem meiner Helfer wurde dies recht schnell bewusst und er reagierte mit so grossem Stress, dass ich seine Pflichten sofort übernahm. Der andere war mit beruflichen Herausforderungen überaus belastet, womit ihm kaum noch freie Kapazitäten blieben. In einer Feuerwehrübung begann ich also, dieses Ressort aus eigener Kraft aufzubauen. Erst dadurch erkannte ich den Umfang des Ganzen. Aber da war es schon zu spät. Hätte zu diesem Zeitpunkt noch alles umgekrempelt werden müssen, wäre die Gesamtorganisation gewaltig in Schieflage geraten. Wenn ich nicht einen GAU verursachen wollte, musste ich Lösungen erarbeiten. Also klemmte ich mich hinter die Arbeit.

In den folgenden Wochen gab es für mich keine Freizeit mehr. Entweder arbeitete ich in meiner Praxis oder ich sass über den Anmeldeformularen, buchte die entsprechenden Rubriken sauber ab (Hotelzimmer mit Spezialwünschen sowie verschiedenen terminlichen Wünschen, Sonderwünsche bei der Ernährung, Kinderprogramm, Konzerttickets der richtigen Kategorie, besondere Bedürfnisse aufgrund von Behinderungen etc.), schrieb Bestätigungen und Rechnungen, beantwortete Fragen, verschickte Post und plagte mich mit Handschriften ab, die teilweise unleserlich waren. Parallel dazu lernte ich in Windeseile mit Excel und Dropbox zu arbeiten. Gleichzeitig baute ich mein Englischvokabular mit einigen notwendigen Ausdrücken aus, denn wir erwarteten eine erfreuliche Anzahl an ausländischen Gästen. Kurz: mein Leben bestand von früh bis spät aus Arbeit.

Eines schönen Tages merkte ich, dass ich den ganzen Tag nur noch schrecklich fror, und zwar bis tief in die Knochen. Nichts konnte mich erwärmen ausser ein heisses Bad. Zudem stellte ich fest, dass ich vermehrt unter Angstzuständen litt, nicht mehr schlafen konnte und zeitweise vor meiner Arbeit sass, nicht mehr wissend, was ich überhaupt machen musste. Ich war also völlig blockiert. Da erkannte ich mit Schrecken, dass dies alles Symptome eines Burnouts sind. Sofort begann ich Massnahmen zu treffen. Eine der wichtigsten war ein früherer Feierabend. Dieser erlaubte mir, mich vor dem Zu-Bett-Gehen in einem Bad zu erwärmen, damit ich nicht die halbe Nacht fror. Zudem überschlug ich meine Pendenzen grob im Kopf und baute mir eine Struktur auf, bei der ich Helfer mit einbeziehen würde. Davon gab es genug in meiner Umgebung. Schon oft hatte ich mich während der letzten Wochen gefragt, weshalb ich nicht bereits Unterstützung angefordert hatte. Aber nachträglich konnte ich verstehen, dass dies gar nicht viel gebracht hätte. Da mir das gesamte Ressort mit all seinen Teilbereichen und Vernetzungen neu war, musste ich mich vorerst selbst orientieren und eine gute Struktur aufbauen. Weil sich immer wieder einzelne Komponenten in der Gesamtorganisation veränderten, dauerte dieser Prozess entsprechend lang. Um nicht ein Durcheinander in der vielschichtigen Thematik zu bekommen, musste zumindest eine Person den Überblick haben, und das war in diesem Fall ich. Damit alles unter Kontrolle blieb, mussten die Details herausgeschält sein, Unklarheiten verlangten Gespräche mit den entsprechenden Personen und vieles mehr. Als dann endlich eine brauchbare Struktur entstanden war, die ich überblicken konnte, war die grösste Arbeit schon fast vorüber.

Der Zeitpunkt, zu dem meine Burnout-Symptome erschienen, war glücklicherweise günstig: ich war soweit, dass ich eine Person einarbeiten konnte. Die gute Seele übernahm in der Folge einige sehr zeitaufwändige Kleinarbeiten. Ich selbst schlug mich so gut wie möglich durch. Am Morgen wusste ich lange Zeit nicht, ob ich einzelnen Patienten für den entsprechenden Tag absagen musste oder ob die Kräfte für das ganze Pensum reichten. Ich wusste nur eins: jetzt hatte meine Gesundheit Vorrang. Ich musste mich pflegen.

Zum Glück hatte ich recht schnell erkannt, wann ich die Notbremse ziehen musste. So war ich nicht in eine allzu grosse Schieflage geraten und erlangte bald ein energetisches Niveau, das zumindest akzeptabel war. Dies spürte ich, weil ich nicht mehr so mörderisch fror. Immer, wenn diese Kälte wieder in meinem Körper auftauchte, wusste ich: nun hatte ich mir zu viel zugemutet. Ich musste wieder einen Schritt zurücktreten.

Erst als ich mich einigermassen aufgefangen hatte, merkte ich, dass sich meine Migräne verschlechtert hatte. Häufig wachte ich bereits mit einem schmerzenden Kopf auf. Wenn ich keine Medikamente nahm, war mein Zustand innert kürzester Zeit so schlecht, dass ich die Wahl hatte zwischen Tabletten oder Bett. Also entschied ich mich schweren

Herzens für ersteres und hielt mich über Wasser, bis die Wirkung endlich eintrat. Erst dann fühlte ich mich in der Lage, meine Arbeit aufzunehmen. In den folgenden Wochen spielte es sich ein, dass ich die doppelte Menge an Schmerzmitteln benötigte als zuvor. Bald war mein Zustand so schlecht, dass ich trotz dieser bisher gut wirksamen Medikamente während des ganzen Tages einen Druck im Kopf und eine leichte Übelkeit verspürte.

Die Situation war ganz offensichtlich eskaliert und ich wusste nicht mehr weiter. Alles, was mir mein Hausarzt und der einmal aufgesuchte Neurologe bieten konnten, hatte ich bereits ausprobiert. Ich schien folglich ein hoffnungsloser Fall zu sein. Langsam kroch nackte Angst in mir hoch: was nun?

Ungefähr zu diesem Zeitpunkt fand ich die Geldnoten im Bahnhof. Man muss sich vorstellen: ich wusste effektiv nicht mehr, wo ich noch Hilfe finden konnte. Mein Zustand war aber auf die Dauer nicht haltbar. Musste ich meine Arbeit auf die Hälfte reduzieren? Musste ich mich einem kalten Schmerzmittelentzug stellen, gegen den ich mich immer gewehrt hatte (Schmerzmittel werden sofort alle abgesetzt, weil sie ab gewissen Mengen selbst Kopfschmerzen erzeugen können)? Mittlerweile weiss ich, dass letzteres effektiv keine Lösung gewesen wäre. Dies hatte ich auch immer deutlich gespürt. Die Misserfolgsquote bei solchen Entzügen liegt bei ca. 93%. Die 30 Franken führten immerhin dazu, dass ich aus einem panikartigen Gedankendrehen ausbrechen und wieder ruhig nachdenken konnte.

Obschon alle Medikamente, welche vorbeugende Wirkung gegen Migräne haben, ihren Nutzen bei mir verloren hatten, entschloss ich mich, mir dennoch eines davon noch einmal verschreiben zu lassen. Folglich wollte ich meinen Arzt am nächsten Tag anrufen.

Am frühen Morgen des folgenden Tages suchte ich im Internet nach einer Information über Migräne. Dabei geriet ich zufälligerweise auf die Seite einer migränechirurgischen Abteilung in Zürich. Ich studierte kurz das Konzept und wusste: das muss ich ausprobieren. Dieser Weg war neu für mich. Worum ging es hier?

Wie du, lieber Leser, vielleicht weisst, setzt man schon seit vielen Jahren die Substanz Botox ein, um die „Schönen und Reichen" vor allfälligen Falten im Gesicht zu bewahren. Botox wird in bestimmte Muskeln im Gesicht gespritzt, worauf diese für einige Monate gelähmt sind. Spritzt man das Gift unter die Augenbrauen, legt man den Muskel lahm, der uns Sorgenfalten und Runzeln beschert. Zufälligerweise fand man heraus, dass in solcher Art behandelte Frauen, welche an Migräne litten, plötzlich keine oder viel weniger Kopfschmerzen hatten. Und damit begann eine lange Kette von Forschungen, wie man mit dem Spritzen von Botox Migräne behandeln kann. Ziel der Interventionen ist folgendes: indem man Stellen im Kopfbereich entlastet, welche auf einen zentralen Nerv (Trigeminus) drücken könnten, wird eine entsprechende Reizung dieses Nervs verhindert und dadurch dessen Entzündung mit den dazugehörigen Folgen. Gespritzt wird bei diesem Verfahren in Zürich primär unter die Augenbrauen und in den Nacken. Wenn diese Therapie erfolgreich ist, kann man den Trigeminus in einem weiteren Schritt in den problematischen Bereichen operativ entlasten. Die Vision, mit dem Messer ein Leiden wie Migräne zu behandeln, war für mich bisher absolut undenkbar gewesen. Doch dieses Vorgehen schien mir risikolos und mein Leidensdruck war gross.

Bald war ich mit meinem Hausarzt in Kontakt und schilderte meine Situation. Ich bat um das migräne-vorbeugende Medikament, weil ich nicht wusste, wie lange ich auf einen Termin beim Spezialisten würde warten müssen. Mein Arzt unterstützte meine Pläne und sagte mir seine Hilfe zu. Das verschriebene Medikament wirkte zu meinem Erstaunen fast augenblicklich. Mein Kopf wurde zusehends freier und ich konnte nach vielen Tagen der Angst wieder aufatmen. Wenigstens vorübergehend hatte ich nun Ruhe.

Einen Tag später hatte ich auch bereits einen Termin beim Spezialisten in Zürich. Entgegen meiner Befürchtung musste ich nur gute zwei Wochen warten. Bei diesem Tempo fühlte ich mich schon fast überfordert. In einer Feuerwehrübung sagte ich allen Patienten für den entsprechenden Tag ab oder verschob sie. Jetzt wollte und musste ich handeln, und zwar ohne Aufschub.

So kam es, dass ich mit wild klopfendem Herzen im Wartezimmer einer mir fremden Praxis sass. Ich hatte keine Ahnung, was mich erwartete. Aber meine Hoffnungen waren gross.

Der Spezialist aus München war mir auf Anhieb sympathisch. Kurz klärte er mich über das gesamte Verfahren auf und bot mir dann eine erste Botox-Behandlung an. Diese liess ich sogleich machen, schien sie mir doch wirklich sehr harmlos zu sein (Botox verteilt sich nicht im Körper. Es bleibt im Muskel und wirkt örtlich sowie zeitlich beschränkt). Etwas wirr im Kopf befand ich mich kurze Zeit später schon wieder auf dem Heimweg. Die Wirkung des Mittels würde ich erst nach 5 Tagen spüren. Also hiess es nun: Geduld!

Doch wie so oft reagierte ich wieder einmal anders, als dies der Norm entspricht. Der Arzt hatte sehr betont, dass ich am Anfang überhaupt nichts wahrnehmen könne, auch wenn ich ganz gut in mich hineinspüren würde. Dem war aber absolut nicht so. Ich musste mir nicht einmal besonders Mühe geben, um eine Wirkung auszumachen. Die Einstichstellen fühlten sich irritiert und geschwollen an. Der Druck auf die eh schon malträtierten Nerven war noch grösser als vorher, die Beschwerden entsprechend heftig. Zudem war mein Hals kraftlos und der ganze Nacken sowie der Rücken wirkten mit jedem Tag krummer. Ich fühlte mich scheusslich. Zudem war ich innerlich völlig aufgewühlt und hatte das Gefühl, verwirrt und desorientiert zu sein. Je nach Tagesform schwebte ich zwischen Hoffnung und Hoffnungslosigkeit. Erst gute zwei Wochen nach der Behandlung kam ich so weit zu mir zurück, dass ich mich besser zu spüren begann. Endlich gelang es mir, mich wieder hinreichend zu orientieren, so dass ich die nächsten Schritte planen konnte. Damit ich überhaupt die Wirkung der Therapie beurteilen konnte, wollte ich das Medikament absetzen, das ich einzunehmen begonnen hatte. Wiederum reagierte mein Körper mit Unbehagen, so dass ich an allem zu zweifeln begann. Es war nicht einfach, die Hoffnung aufrecht zu halten. Immer wieder führte ich mir die Geldnoten vor Augen. Zudem half mir eine Botschaft von meinem geliebten Swamiji: er liess mir persönlich ausrichten, dass die Gesundheit nun oberste Priorität habe und ich Spezialisten aufsuchen solle. Selbst weite

Reisestrecken solle ich auf mich nehmen. Dies traf genau auf meine Situation zu. Eine mögliche Operation würde in Berlin stattfinden. Also fühlte ich mich gestärkt, diesen Weg weiter zu beschreiten, auch wenn der Erfolg auf sich warten liess. Allmählich erkannte ich, dass das Ganze sehr viel Zeit brauchte, denn in meinem Körper fand ein grösserer Umbau statt.

Weshalb diese Angelegenheit bei mir so langwierig war, begann ich ebenfalls allmählich zu verstehen. Ich weiss, dass ich bei meinem Reitunfall mit ca. 20 Jahren ein Schleudertrauma erlitt, das aber nie behandelt wurde. Der damals gebrochene Wirbel beanspruchte die ganze Aufmerksamkeit der Mediziner, an weitere Unfallfolgen wurde nicht gedacht. Ich selbst hatte damals auch keine Ahnung von solchen Beschwerden. Das Einzige, das ich wusste: seit dieser Verletzung wurde ich von Rückenschmerzen geplagt, für die man keine logische Erklärung fand und die jeder Therapie trotzten. Heute sind mir die Gründe für diese Situation klar, doch damals verstand ich nichts.

Nun muss man sich folgendes vorstellen: unser ganzer Körper ist eine in sich zusammenhängende Ganzheit, und dies nicht nur in energetischer Hinsicht. Er wird bis in den hintersten Winkel von einer Schicht Bindegewebe durchzogen, die eine Einheit bildet. Wenn sich dieses Gewebe an einer Stelle verdichtet und verhärtet, also seine Beweglichkeit verliert, erstarren damit auch andere Bereiche. Überall, wo diese Erstarrung eintritt, ist die Beweglichkeit der darunterliegenden Strukturen eingeschränkt, also diejenige der Muskeln und der Gelenke. Die Gestalt des Menschen kommt in eine Schieflage. Daraus erfolgen einseitige Belastungen, was einen unmittelbaren Einfluss auf die Gelenke hat: in einzelnen Bereichen werden sie strapaziert und entsprechend übermässig abgenützt.

Die Frage stellt sich nun, welche Faktoren unser Bindegewebe erstarren bzw. sich zusammenziehen lässt. Dafür gibt es einen Auslöser, den die Leser meiner vorangehenden Bücher bereits gut kennen: Traumen, u.a. infolge von Unfällen. Eines der bekanntesten dürfte das Schleudertrauma sein.

Als Therapeutin wurde ich schon mehrfach durch diese Form des Traumen herausgefordert und konnte dadurch viel lernen. Eine der wichtigsten Einsichten war die Folgende: ein Schleudertrauma (wie jedes andere Trauma auch) verändert nicht nur die Struktur des Körpers durch Veränderungen der Spannung im Bindegewebe, sondern es beinhaltet auch einen wesentlichen emotionalen Faktor. Gleichzeitig gerät das Nervensystem aus dem Gleichgewicht. Beide Faktoren sind untrennbar mit der durch Schock gelähmten körperlichen Beeinträchtigung verbunden. Etwas vereinfacht kann man sagen, dass in den Zellen der kranken Strukturen u.a. die ganze Angst und Panik gebunden sind, die zum Zeitpunkt des Ereignisses herrschten, das den Menschen aus der Bahn warf. Häufig sind dies Todesängste. Selbst wenn sie nur während Bruchteilen von Sekunden auftreten, reicht dies aus: eine ungeheure Wucht dramatischer Emotionen wird in die Struktur des Körpers eingebunden und bleibt dort sitzen. Wehe dem, der diese traumatisierten Körperstellen durch unachtsames und/oder unprofessionelles Vorgehen in Bewegung versetzt: er wird konfrontiert mit einer Woge von Schmerzen und/oder Emotionen, die kaum zu bewältigen ist. Weil zudem das Nervensystem durch unverarbeitete Traumen ständig unter einem erhöhten Druck steht, ist die betroffene Person meistens nur beschränkt in der Lage, mit einer erhöhten Ladung von Stress umzugehen. Damit gestaltet sich die Konfrontation mit Ereignissen, welche einen Menschen in seiner Vergangenheit so sehr überforderten, oft als äusserst heikel. Um sie dennoch aufarbeiten zu können, ist es deshalb sinnvoll, sich von einer kompetenten Person begleiten zu lassen.

In der Medizin werden traumatologische Aspekte von gesundheitlichen Problemen leider noch viel zu oft missachtet. Deshalb finde ich es nicht erstaunlich, dass bei Schleudertraumen häufig die erhofften Therapieerfolge ausbleiben. Auch ich musste nämlich erst einmal begreifen, dass bei den Betroffenen nicht nur körperliche Strukturen beeinträchtigt waren, sondern ebenso emotionale und seelische. Zudem war ich genötigt, die eingeschränkten Möglichkeiten der Verarbeitungskapazität (beeinträchtigtes Nervensystem) zu berücksichtigen. Diese Einsichten ebneten mir den Weg dazu, selbst Personen mit dramatischem Krankheitsverlauf helfen zu können.

Nun steckte ich plötzlich selbst in einer Situation, die mein ganzes Gleichgewicht zum Schwanken brachte. Im Grunde genommen war nichts Einschneidendes passiert. Lediglich einige Muskeln waren lahmgelegt worden, welche aber ohne weiteres durch andere Strukturen kompensiert werden konnten. Doch das Ganze fühlte sich so furchtbar an, als hätte mir der Arzt förmlich den Kopf abgeschnitten. Allmählich begann ich zu verstehen, weshalb ich so massiv reagiert hatte. Mir wurde klar, dass durch die Intervention meine stark traumatisierte Körperstelle aus ihrem „Tiefschlaf" erweckt worden war. Beim Reitunfall vor ca. 35 Jahren war der Nacken durch den massiven Schock quasi eingefroren. Seine Aktivierung löste in mir nun das Gefühl aus, mein Kopf sei nicht mehr richtig mit dem Rumpf verbunden. Zudem konnte ich ihn kaum mehr bewegen und fühlte mich völlig wirr. Mir schien, als hätte ich meine Mitte verloren und wüsste nicht mehr, wie mir geschieht. Erst zwei Wochen später legten sich diese Symptome langsam. Allmählich setzte mein gewohntes Denken wieder ein und ich war in der Lage, meine Situation realistisch zu beurteilen. Immer klarer erkannte ich, dass ich mich ganz offensichtlich in tiefe Bereiche begeben hatte, um an der Wurzel meiner anhaltenden und chronisch gewordenen Leiden zu arbeiten.

Doch das Ganze gestaltete sich weit schwieriger, als ich es mir je vorgestellt hätte. Das Absetzen des neuen Medikamentes führte dazu, dass ich wieder in einer Endlosspirale heftiger Migränen landete. Bald erlangte ich die Einsicht, dass der gesamte Prozess viel mehr Zeit erforderte, als ich gedacht hatte. Durch die Aktivierung des alten Traumas ging es mir nicht besser, sondern eher schlechter. Diesen Zustand musste ich abfedern, damit ich einigermassen arbeitsfähig blieb. Also begann ich schweren Herzens wieder mit der Einnahme der Tabletten. Gleichzeitig stellte ich mich auf einen Zeitraum von einem halben Jahr ein, bis erste Erfolge überhaupt sichtbar werden konnten. O je, meine Geduld wurde schwer strapaziert! Aber das Leben setzte unbarmherzig seine Grenzen, ich hatte mich zu fügen. Je schneller mir dies gelang, umso eher würde ich mich besser fühlen. Also machte ich mich daran, mich an den unbequemen Gedanken zu gewöhnen und mich meinem Schicksal hinzugeben.

Dass ein solcher Lebensabschnitt schlussendlich zu einem Erfolg führt, ist überhaupt nicht gewiss. Wenn die betroffene Person nicht in der Lage ist, mit den aktivierten Energien eine konstruktive Lösung zu finden, wird sie einfach ein weiteres Mal erfahren, dass sie durch die Lebensumstände überwältigt wurde. Dieses Gefühl war bei mir in dieser ersten Phase sehr stark. Ich konnte mich dann aber auffangen und mir einen Plan erarbeiten, wie ich mit der Situation umgehen wollte. Dazu gehörte die Unterstützung von mehreren Menschen, u.a. dem Hausarzt.

Ganz zentral für ein mögliches Gelingen war aber mein geliebter Lehrer Swamiji. Er leitete meine Entwicklung an und half mir, Entscheidungen zu treffen, welche eine erfolgreiche Verarbeitung meiner seelischen Belastungen erlaubte. Folglich ging ich davon aus, dass die Zeit reif geworden war, mich mit einer für mich völlig neuen Schicht meines Seins auseinanderzusetzen. Es gab also eine Menge zu erfahren und zu lernen. Und da es sich eben um eine neue Ebene handelte, wurde ich weiterhin mit Situationen konfrontiert, die mich arg forderten. Das nächste Kapitel beschert dir, lieber Leser, einen weiteren Einblick in meinen Alltag.

4 Schwimmfest

Wer mich kennt, weiss sehr gut: ich bin zäh wie Schuhleder. Täglich stehe ich zu gegebener Zeit auf und erfülle meine Pflichten. Während der Jahre, als ich noch den täglichen Mail-Verkehr als Teil meiner therapeutischen Arbeit pflegte, waren die Leute schon sehr beunruhigt, wenn sie am Morgen keine Botschaft von mir in ihrer Mailbox fanden. Sie fragten dann besorgt nach, ob es mir nicht gut gehe. Mein Dienst war nämlich so pünktlich und zuverlässig wie eine gute Schweizer Uhr. Ich kann mich nicht erinnern, dass ich in all den Jahren meiner Praxistätigkeit je einmal im Bett liegen geblieben wäre, selbst wenn mein Wohlbefinden zu wünschen übrig liess. Ich lebte nach dem Motto: es ist besser, sich auch dann leicht zu betätigen, wenn es nicht so gut geht. Dafür sollten in einem solchen Fall vermehrt Pausen eingelegt werden. Herumliegen ist nur im äussersten Notfall sinnvoll. Eine Unterspannung ist nämlich auch nicht förderlich für eine Genesung.

Wehe, wenn jemand wie ich seine lange gehegten Gepflogenheiten von einem Tag auf den anderen ohne jede Vorankündigung jäh verändert. Werden dabei noch dazu gesundheitliche Gründe angeführt, beginnt es in den Gehirnen der Adressaten zu arbeiten. Weil diesen Personen gewisse Umstände bekannt sind, jedoch keine konkreten Fakten, werden ihrer Phantasie Tür und Tor geöffnet. Wobei: wenn ich von *Phantasie* spreche, ist dies wohl etwas gar positiv ausgedrückt. Mir wurde nämlich bewusst, welches Denken im Hintergrund bzw. Untergrund vieler Köpfe bereits während längerer Zeit gegärt, welch stiller *Vorwurf* dort über die Jahre „gehockt" hatte. Kurz: als ich meine alte Form der Mail-Arbeit „aus gesundheitlichen Gründen" aufhob, war bald darauf meine Mailbox voll. Einige Menschen wünschten mir einfach alles Gute. Andere konnten es aber nicht lassen, mir mitzuteilen, dass ihnen „mein Raubbau der Kräfte" schon immer klar und „dieser Schritt" für sie voraussehbar gewesen sei. Es war, als stehe da meine liebe Mutter und predige mir streng: „meine liebe Susi, wie oft habe ich dir schon gesagt, dass ....". Klein Susi bezog also Schelte. Hier waren in den Adressaten ganz offensichtlich gewisse Denkstrukturen aktiviert worden. Mein Verhalten hatte ihr besorgtes und/oder übereifriges Eltern-Ich auf den Plan gerufen. Endlich war die Zeit gekommen, die bestätigte, dass sie immer schon Recht gehabt hatten. Da dieses Denken so ausgeprägt war, kamen sie gar nicht erst auf die Idee, dass hier noch ganz andere Gründe für meine Entscheidung verantwortlich sein könnten.

Und nun folgte quasi noch die Bestätigung: Nur wenige Tage später sagte Susanna Termine ab, weil sie krank war. „Wir wussten es doch schon lange: sie hätte mehr auf uns hören und sich schonen müssen. Jetzt hat sie die Quittung erhalten!"

Ja, Susanna lag tatsächlich flach. Das erste Mal seit vielen vielen Jahren lag sie im Bett. Wie schon gesagt: für ein solches Szenario braucht es bei mir tatsächlich eine ausserordentliche Situation. Und diese war nun gegeben: mein neues Medikament, welches die Migränen erfolgreich in Schach hielt, ging von einem Tag auf den anderen ohne jede Vorwarnung eine problematische Wechselwirkung mit meinem bewährten Schmerzmittel ein. Dies brachte meinen Körper zum Kollabieren. Jetzt hatte ich den totalen GAU.

Ich muss zugeben: schon seit einer Weile hatte ich das Gefühl, ich hätte ein absolutes Schwimmfest, fühlte mich in jeder Hinsicht überfordert. Doch damit keine Missverständnisse entstehen und die übereifrigen und besorgten Eltern-Ichs fürsorglicher Leserinnen nicht in Phantasien abschweifen, folgen hier einige Klärungen.

Dass wir in turbulenten und schwierigen Zeiten leben, dürfte uns allen aufgefallen sein. Besonders bei meiner Arbeit mit den Frauengruppen und beim Satsang wies uns Swamiji immer wieder darauf hin, dass die erste Hälfte des Jahres 2016 chaotisch ausfallen könnte. Genaueres sagte er nie, wirkte aber immer besorgt. Mehrfach riet er uns, unsere Mitte zu stärken, uns zu schützen, uns bei Bedarf Hilfe zu holen und anderes mehr. Mir war klar, dass es wichtig war, stets aufmerksam zu sein. Einerseits sollte man in sich gefestigt und seinen Grundsätzen treu bleiben. Andererseits war man gefordert, bei Bedarf sofort notwendige Veränderungen in die Wege zu leiten. Wann was galt, musste jeweils sehr sorgfältig abgewogen werden. Dazu war es nötig, jederzeit einen tragenden Kontakt zu Swamiji zu haben und seine Stimme wahrzunehmen.

Bereits seit mehreren Wochen fühlte ich mich durch die morgendliche Mail-Arbeit belastet. Meine Mail-Box füllte sich Tag für Tag mit einer Menge von Botschaften, die mir fast den Atem nahm. Auch während des Tages flossen fortwährend Nachzügler-Mails herein, so dass ich den Eindruck bekam, kaum mehr zur Ruhe zu kommen. Statt den Tag mit einer wunderschönen kontemplativen Stimmung beginnen zu können, artete es immer mehr in eine Richtung aus, dass er mit Druck und Stress anfing. Als meine Migränen zu eskalieren begannen, kam plötzlich die Erkenntnis:

Seit Monaten versuchte ich täglich, viele Menschen von Lasten zu erleichtern.

Warum?

WEIL ICH ES NICHT ERTRAGEN KANN, WENN ABDERE LEIDEN.

Wie ich dies bereits in Band 4 beschrieben habe, ist dies der Hauptgrund für mein jetziges Leben. Ich muss lernen, mit Leiden in einer neuen, reiferen Form umzugehen. Doch eine solche Form steht mir noch nicht zur Verfügung. Deshalb bin ich genötigt, mir entsprechendes Wissen anzueignen. Mein Wunsch zu helfen war nämlich einmal mehr so gross gewesen, dass ich die morgendliche Arbeit auf mich genommen hatte, bis ich einfach nicht mehr konnte. Als es nun wie Schuppen von meinen Augen fiel, handelte ich innerhalb weniger Stunden. Bereits am folgenden Tag verschickte ich keine Mails mehr. Nach weiteren drei Tagen hatte ich sogar schon ein neues Konzept entworfen, wie ich mit einer anderen Form von Mail-Arbeit Hilfesuchende unterstützen konnte.

Solche Entwicklungen erlebe ich immer wieder und weiss inzwischen, dass diese mit Swamijis Schulung zu tun haben. Mein Lehrer zwingt uns, einen Prozess so lange zu durchlaufen, bis wir den entsprechenden Sachverhalt vollumfassend verstehen. Sobald dies der Fall ist, sind notwendige Veränderungen schnell und leicht umsetzbar. Es fühlt sich dann an, als wäre im Untergrund der neue Plan schon während langer Zeit herangereift und müsse nun nur noch abgerufen und realisiert werden.

Eigentlich sorgte meine Gesundheit nur dafür, dass ich seelisch so sehr in ein Dilemma geriet, dass ich endlich zu *erkennen* vermochte. Was mich dann schlussendlich zum Handeln bewog, war nicht die Migräne, sondern die *Erkenntnis*. Ich habe nämlich schon Menschen erlebt, die ihre Gesundheit ruinierten, weil sie nicht fähig waren, wirklich zu erkennen. Zu diesem Zeitpunkt wurde mir jedoch innerhalb weniger Augenblicke klar, was ich mir antat. Hier mögen nun manche Leserinnen weise ihr Haupt schütteln: „wusste sie es denn wirklich nicht"? Natürlich wusste ich rein rational schon lange, wie ich mit mir umging und welches Pensum ich bewältigte. Doch dies ist eine ganz andere Ebene des Wissens. Die Innenschau, die ich hier erfahren durfte, eröffnete mir eine Dimension, die mir neu war. Sie berührte Seelenbereiche, die ich vorher nur erahnt hatte. Es war ein tief berührendes Erlebnis, mit dieser Ebene meiner Selbst in Kontakt zu treten.

Bei diesem Einblick in mich selbst wurde ich nicht nur mit meinem eigenen Umgang mit mir konfrontiert. Ebenso deutlich zeigte sich in einem nächsten Schritt, dass ich nun eine Wahl hatte: ich konnte so weiter machen und mich ruinieren. Mir stand aber auch ein anderer Weg offen: Swamiji schulte mich schon lange und half mir, meine Begabungen zu entwickeln. Dass hier noch ein beachtliches Potential stecken könnte, war mir bewusst. Um es zu entfalten, musste ich mir aber den entsprechenden Rahmen bauen. Dieser sollte unter anderem eine bessere körperliche Stabilität gewährleisten. Also musste jeglicher Raubbau aufhören. Mit Sicherheit gab es noch andere wichtige Faktoren, die ich jedoch noch nicht sehen konnte. Im entsprechenden Augenblick war dies auch nicht nötig. Jetzt war lediglich eine klare Entscheidung gefragt: wollte ich im gleichen Trott weiterfahren oder war ich bereit, mich auf etwas Neues einzulassen?

Die Antwort war für mich klar: ich wollte meinen Seelenvater nicht enttäuschen. Also würde ich all meinen Mut in die Hände nehmen und diejenigen Schritte machen, die Entfaltung und Ausdehnung erlaubten.

Mit grosser innerer Klarheit konnte ich zu diesem Zeitpunkt mit Leichtigkeit einige Grenzen setzen. Eine davon war das sofortige Absetzen der alten Form der Mail-Arbeit. Auch bezüglich Organisation des grossen Events rund um Swamijis Besuch handelte ich: sofort informierte ich Shabari, inwieweit sie noch mit meiner Hilfe rechnen konnte. Ebenso gab es im Alltag viele grössere und kleinere Herausforderungen, bei denen ich mich testen konnte, in wieweit ich mir treu blieb.

Doch kaum wähnte ich mich auf gutem Weg, folgte der am Anfang des Kapitels beschriebene grosse Knall: der GAU (das neue Medikament vertrug sich mit meinem Schmerzmittel nicht). Und damit brach meine Welt förmlich zusammen. Mir war augenblicklich klar: Ohne neues Medikament würde ich wieder im Bereich der nicht mehr endenden Schmerzen landen, trotz kontinuierlichem Schmerzmittelkonsum. Müsste ich hingegen die Schmerzmittel absetzen, wäre die Situation schlicht unerträglich: hämmernde Kopfschmerzen gepaart mit Übelkeit, kurz: ein Fall fürs Bett, und das tagelang. Man kann es mir also nicht verargen, dass ich in Panik geriet.

In solchen Momenten ist es für mich besonders eindrücklich zu spüren, dass das Bodenlose und Dunkle nur in meiner Phantasie existiert, nicht aber im Leben selbst. Gelingt es mir nämlich, trotz scheinbarer Ausweglosigkeit ruhig zu werden, geschieht folgendes:

Tief in mir nehme ich eine unglaubliche Aktivität wahr. Verharre ich weiterhin in der inneren Ruhe, tauchen früher oder später Gedankenblitze in meinem Kopf auf. Unvermittelt erscheinen Lösungen, an die ich in meiner Panik gar nicht gedacht hatte. Im vorliegenden Fall wusste ich recht schnell, wie vorzugehen war: mein Schmerzmittel ist ein sogenanntes Triptan. Davon gibt es verschiedene Varianten, die aber alle den gleichen Grundwirkstoff haben. Doch manchmal entscheiden Kleinigkeiten über die Verträglichkeit eines Medikamentes. Also wollte ich mir ein anderes Präparat aus derselben Familie verschreiben lassen und mit der Dosierung ein bisschen „spielen". Irgendwie würde ich wohl eine Mischung herausfinden, die mein Körper zu verarbeiten vermochte. Und tatsächlich: mein Plan ging auf. Ich fühlte mich zwar noch während einiger Tage sehr schwach, doch dann kehrte die Kraft zurück. Langsam fand ich eine Form mit meinen Tabletten, die mir wieder eine stabile Grundlage verschaffte. Doch innerlich war ich sehr vorsichtig geworden. Ich lauschte sehr intensiv auf Swamijis Stimme, um ja nichts zu verpassen. Die Signale meines Körpers analysierte ich fortwährend akribisch und passte mein Verhalten bei Bedarf blitzartig an. Ja, ich war nun ein gebranntes Kind. Den Abgrund hatte ich bereits gesehen. Jetzt wusste ich, was zu tun war.

In dieser schweren Zeit hatte mir meine liebe Schwester zum Trost in einer Express-Sendung einen Plüsch-Hund geschickt. Er sollte mich trösten und mir Mut spenden. Seither thront er auf meinem Bett und erinnert mich ständig daran, dass es durchaus sehr ernst werden kann. Langsam war ich aber guten Mutes und glaubte wieder daran, dass Swamiji doch noch eine Schülerin bekam, welche seiner segensreichen Schulung gewachsen und würdig war. Da ich ihn bald sehen würde, war es mir umso wichtiger, mich sehr klar zu positionieren. Ich wollte frohen und reinen Herzens vor ihn treten können.

5 Flüeli

Was für ein Schock! Monatelang hatte ich meine ganzen Kräfte mobilisiert und geholfen, den Besuch von Swamiji in der Schweiz (in Flüeli Ranft) vorzubereiten. Und nun dieses Telefon: Swamiji ist krank. Er wird mit Sicherheit nicht zum vereinbarten Termin anreisen, möglicherweise überhaupt nicht. Ich sass da wie vom Blitz erschlagen. In mir brach alles ein. Schmerzhaft musste ich erkennen, dass ich mich wieder einmal mit voller Wucht an etwas Irdisches gebunden hatte. Im Grunde genommen wusste ich es besser: es ist vorteilhaft, jederzeit in einem losgelösten Zustand zu verweilen. Dabei erfüllt man zwar seine Pflichten, macht sein Seelenheil aber nicht von äusseren Umständen abhängig. Innerlich bleibt man immer mit einem tiefen Frieden verbunden. Offensichtlich hatte ich hier noch eine Menge zu üben.

Die Reaktion meines Körpers liess nicht lange auf sich warten: bald plagte mich eine ausgekochte Migräne. Nun war der Schlamassel komplett. Damit du verstehst, lieber Leser, was dies für mich zu diesem Zeitpunkt bedeutete, muss ich etwas zurückblenden:

Nachdem ich nach meinem Kollaps ein neues Schmerzmittel gefunden hatte, das ich einigermassen vertrug, konnte ich mich für eine gewisse Zeit über Wasser halten. Aber leider dauerte dieser eher labile Zustand nicht sehr lange. Bald musste ich erkennen, dass auch diese Medikamenten-Kombination nicht wirklich funktionierte. Genau genommen gab es nur eine einzige Lösung: ich musste die Triptane absetzen. Ich weiss nicht, wie gut nachvollziehbar dieser Gedanke für Menschen ist, die nie unter chronischen Schmerzen gelitten haben. Für mich war er auf jeden Fall ziemlich beängstigend. Ich konnte nicht abschätzen, was dies wirklich für mich bedeuten würde. War ich so über längere Strecken arbeitsunfähig? Ans Bett gebunden? Oder hielten sich die Schmerzen innerhalb erträglicher Grenzen? Wie lange würde eine Attacke überhaupt dauern? Ich wusste es nicht und musste theoretisch mit allem rechnen, also kein angenehmer Zustand.

Zu Beginn meiner Triptan-freien Zeit setzte ich noch zwei andere Schmerzmittel ein, bis ich merkte, dass sie eigentlich völlig wirkungslos waren. Folglich gab ich auf und stellte mich meinem Körper. Interessanterweise spürte ich sogar eine gewisse Neugier in mir erwachen: ich wollte meine Migräne kennenlernen.

Die Gelegenheit dazu liess nicht lange auf sich warten. Die erste Attacke war happig. Zu meiner Erleichterung konnte ich aber sogar arbeiten. Allerdings gestattete ich mir, während der beiden ersten schmerzhaften Tage einige Sitzungen etwas kürzer zu halten und eine Behandlung ganz abzusagen. Doch dann ging es mir allmählich besser. Nach etwa vier oder fünf Tagen fühlte sich mein Kopf wieder frei an. Es war ein wunderbares Gefühl. Ohne Triptane hatte ich eine Migräne „überlebt". Ich war stolz und auch guter Dinge, dass ich den definitiven Ausstieg aus dem Teufelskreis der Migräne-„Gifte" schaffen würde.

Da meine ganze Aufmerksamkeit auf meinen Kopf gerichtet war, fand das Schicksal wohl, dass dieser Zustand etwas gar einseitig ist. Also schaffte es Ausgleich, und zwar pünktlich eine Woche vor dem grossen Event in Flüeli. Hätte ich eine Indien-Reise vor mir gehabt, wäre ich bereits seit Tagen wie auf Eiern gegangen. Wer Band 1 meiner Bücherreihe gelesen hat, weiss den Grund: bereits zweimal bin ich mit gebrochenem Fuss in den Ashram gereist. Doch diesmal dachte ich nicht im Entferntesten an ein solches Szenario. Wahrscheinlich hätte meine Vorsicht auch nicht viel genützt. Diesmal stand ich effektiv nur mit nackten Füssen auf dem ebenen Fussboden im Badezimmer. Es war weder rutschig, noch machte ich einen Misstritt, ich glitt mit meinem Fuss lediglich leicht zur Seite, aber nur ganz leicht. Da knackte es laut. Ich wusste sofort Bescheid, konnte es aber kaum fassen. Weil es Abend war, mochte ich nicht mehr in den Notfall gehen. Folglich zog ich mir einfach die Schiene an, die ich von meinen früheren Unfällen her noch hatte, sagte zwei Klienten für den nächsten Tag ab und ging ganz normal zu Bett.

Am folgenden Tag nutzte ich den frei gemachten Zeitraum und pilgerte ins Spital, wohl wissend, welche Diagnose mich erwarten würde. Auch bezüglich Therapie erwartete ich nichts Neues. Doch diesmal hatte ich mich verrechnet. Der verantwortliche Arzt versorgte mich mit einem Spezialschuh, gestand mir nur sehr beschränkte Belastung zu, brummte mir Krücken auf und hiess mich Blutverdünner spritzen. Ich war völlig perplex und fand, dass dies ziemlich übertrieben sei. Bei den letzten Vorfällen war alles viel unkomplizierter gewesen. Meine Schmerzgrenze hatte damals entschieden, was „erlaubt" war, andere Einschränkungen hatte es keine gegeben. Und nun solche Auflagen! Erst allmählich konnte ich mich beruhigen. Nach einer Rücksprache mit meinem Hausarzt fügte ich mich schliesslich in mein Schicksal und beschloss, eine „brave Patientin" zu sein. Im Grunde genommen lag es ja in meinem eigenen Interesse, dass der Fuss einwandfrei heilte. Also würde ich einmal mehr mit Stöcken vor Swamiji erscheinen. Den Grund für das ganze „Mysterium" musste ich allerdings noch herausfinden. Was ich bereits begriffen hatte: offensichtlich verlief mein Leben zurzeit nicht mehr in für mich berechenbaren Bahnen. Ich musste mich wohl darauf gefasst machen, dass in den folgenden Wochen einiges an Überraschungen auf mich zukommen würde. Dabei konnte ich nur hoffen, dass dies nicht in Form von allzu vielen Hiobsbotschaften geschah.

Der „Unfall" bewirkte, dass ich mich während der Tage vor Flüeli in jeder Hinsicht überfordert fühlte. Ich konnte einfach nur noch loslassen und hoffen, dass ich irgendwie alles auf die Reihe bekommen würde. Schon nur der tägliche Haushalt war eine Prozedur, zudem arbeitete ich ja noch, denn ich wollte nicht allen Patienten absagen. Die Tage waren folglich vom Morgen bis zum Abend ein einziger Marathon, den ich irgendwie zu meistern vermochte.

Nun zurück zu meinem Kernproblem, gegen das der Fuss eine Bagatelle war. Nach der Botschaft, dass Swamiji möglicherweise nicht kommen würde, überfiel mich innert kurzer Zeit meine zweite Migräne-Attacke mit einer beachtlichen Wucht. Mir schwante Böses. Hier entluden sich Unmengen von aufgestauten Anspannungen, dazu gesellte sich eine riesengrosse Enttäuschung – ich durfte also davon ausgehen, dass ich ziemlich leiden würde.

So gut wie möglich versuchte ich, mich zumindest einmal emotional aufzufangen und mir einen Flüeli-Event ohne physische Präsenz von Swamiji vorzustellen. Wir Organisatoren waren uns nämlich einig, dass wir den Anlass auf jeden Fall durchführen wollten. Wir wussten, dass unser Meister uns nicht im Stich lassen würde. Uns war längst klar, dass sein Wirken nicht alleine von seiner körperlichen Anwesenheit abhängig ist. Ich würde sogar so weit gehen zu behaupten, dass der weitaus grösste und wichtigste Teil seiner segensreichen Tätigkeiten dann erfolgt, wenn Swamiji „nur" feinstofflich zugegen ist. Und doch geniessen wir es halt immer in hohem Mass, wenn unser Lehrer in seiner greifbaren Form vor uns erscheint.

Ich schlug mich also wacker durch, obschon es in mir ziemlich rumorte. Am folgenden Tag begann sich mein Innenleben zu beruhigen. Dann kam der Moment, an dem ich plötzlich sicher war: er wird kommen! Doch ich musste noch einen ganzen Tag lang auf die erlösende Botschaft warten. Endlich erreichte sie uns: die Ärzte hatten Swamiji grünes Licht für die Reise gegeben, unser Lehrer war bereits unterwegs in die Schweiz.

Meine Freude war riesig. Die Programme konnten möglicherweise alle durchgeführt werden, je nach Befinden von Swamiji. Das Wichtigste war vorerst jedoch: unser Lehrer würde in Flüeli mitten unter uns sein. Ich selbst hatte eigentlich vor allem folgenden Wunsch: mir war es ein grosses Anliegen, dass mein Seelenvater mein neues Buch segnete. Bei dieser Gelegenheit wollte ich ihm auch eine Spende für den Ashram überreichen. Diese kurze Begegnung würde mir völlig reichen. Natürlich war es auch mein Wunsch, dass all die Gäste, die sich extra eine Konzertkarte gekauft hatten, den Meister persönlich erleben konnten. Dasselbe wünschte ich allen, die am Sonntag nach Flüeli reisten, um an der Puja und der Homa teilzunehmen und anschliessend Prasadam aus Swamijis Händen zu empfangen. Schliesslich hatte ich viel Werbung gemacht und etliche Menschen davon überzeugt, diese grossartige Gelegenheit wahrzunehmen. Ich fieberte also mit allen mit, dass das Programm nach Plan durchgeführt werden konnte.

Bereits vor Flüeli war mir klar, dass ich mich dort ausruhen musste. Das erwies sich als nicht so einfach. Gerade im Organisationsteam schienen alle förmlich zu vibrieren. Unzählige kleinere und grössere

Entscheidungen und Arbeiten fielen an. Pausen waren für einzelne Personen kaum möglich. Doch so sehr es mich innerlich immer wieder drängte, mit anzupacken und für alle da zu sein: mein Kopf setzte mir klare Grenzen. Wenn ich nicht unter Dauermigräne leiden wollte, musste ich mich gezwungenermassen immer wieder zurückziehen. Dadurch gelang es mir, erfreulich fit zu bleiben. So war es mir immerhin möglich, alle meine Pflichten, die ich durch mein Amt hatte, zu erfüllen. Dennoch: ich fühlte mich ziemlich egoistisch. In meinem Kopf drehte sich alles immer nur um mich und meinen Körper. Und – wenn ich ehrlich zu mir war – fühlte ich mich trotz meines Wunsches zu helfen durch die Präsenz der vielen Leute im Grunde genommen vorwiegend gestresst. Eigentlich sehnte ich mich nur nach Ruhe, mochte irgendwie gar keine Leute sehen. Aber dies war natürlich nicht möglich. Im Gegenteil: tauchte ich irgendwo auf, stürzte sich mit Sicherheit eine Person auf mich, bemitleidete mich wegen meines Fusses (mein Spezialschuh zog zu meinem Leidwesen die Aufmerksamkeit der Leute magisch an) oder sprach mich im Rahmen meines Amtes an. Viele Menschen wollten sich bedanken, weil sie sich während des Anmeldeverfahrens gut betreut gefühlt hatten. Dies freute mich natürlich sehr. Und dennoch: ich wurde so sehr mit lieben Worten und Aufmerksamkeiten überhäuft, dass ich mich zeitweise am liebsten verkrochen hätte. Ich verstand mich selbst nicht mehr: weshalb konnte ich mich nicht einfach freuen?

Zum Glück gelang es mir mehrheitlich, die widerstreitenden Gefühle zu verdrängen und einfach die positiven Aspekte des Aufenthaltes zu geniessen. Recht gut konnte ich mir meine eigenen Räume schaffen und Ruhe sowie Erholung finden. Meine Gesundheit dankte es mir und ich fühlte mich bald pudelwohl. Swamiji schenkte uns mehr von seiner Präsenz, als wir zu hoffen gewagt hatten. So gelangte ich dreimal in den Genuss, meinem Seelenlehrer ganz nahe zu kommen. Dabei flossen jeweils viele, kräftige und klare Energien. Anschliessend fühlte ich mich in mir gefestigt und wusste wieder: *Alles ist ok. Gehe deinen Weg weiter. Ich bin immer bei dir, vergiss das NIE.* Diese Botschaft versuchte ich ganz tief in meinem Inneren zu verankern in der Hoffnung, dass diese Kraft grösser sein würde als die Kraft der nächsten

Krise. Inzwischen galt es, meine Altlasten weiter aufzuräumen. Die Gelegenheit dazu kam postwendend.

6 Ursachen von Beschwerden

Um Sachverhalte zu verstehen, müssen oft verschiedene Aspekte eines Themas studiert werden. Ein Weiterbildungskurs im Bereich der Traumatologie gewährte mir einen vertieften Einblick in eine Begebenheit, die mir bereits vertraut war und in Band 3 schon ausgeführt wurde. Doch – wie gesagt – plötzlich begann ich, etwas alt Bekanntes klarer zu sehen und in erweitertem Ausmass zu begreifen.

Im Verlauf meines Lebens hatte ich lernen müssen, dass ich nicht immer ein „liebes Susi" sein kann, nur damit man mich mag. Ich war also genötigt, meine Meinung auch dann zu vertreten, wenn sie der Adressat vielleicht nicht so gerne hören mochte. Mittlerweile musste ich aber feststellen, dass ich manchmal etwas gar forsch auftrat. Mir kam sogar zu Ohren, dass Leute gewarnt wurden, ich könne sehr direkt sein, wäre aber im Grossen und Ganzen eine liebenswürdige Person. O Schreck! War mir da etwas entgangen?

Tatsächlich war mir gehäuft aufgefallen, dass ich manchmal einen aggressiven Unterton hatte. Zudem ortete ich in der Tiefe meines Wesens eine gute Portion Wut, die sich bei Stresssituationen leicht entfachen konnte. Wo war denn die friedliche Susanna geblieben?

Die Antwort offenbarte sich mir schrittweise. Die erste Etappe der Erkenntnis erfolgte in besagtem Kurs im Rahmen einer sehr lebhaften Erinnerung an meine Geburt. Den folgenden Abschnitt verfasste ich kurz nach diesem Erlebnis.

Was für ein Start in ein hoffnungsvolles Leben: ich klebe an der Decke des Kreissaales, habe mich also von meinem Körper abgetrennt. Das grelle Licht blendet ganz ekelhaft. Somit kann ich nicht viel sehen. Aber unter mir sollten sich meine Mutter und das eben geborene Körperchen der kleinen Susi (das wäre ich) befinden, zudem medizinisches Personal. In mir tobt eine grässliche Wut, die sich gegen alle weiss beschürzten Helfer richtet. Am liebsten würde ich sie jetzt laut anschreien. In Worte gefasst bekämen die Anwesenden in etwa folgendes zu hören: „Ihr Vollidioten! Wisst ihr eigentlich, was ihr da macht? Ist euch klar, was für seelische Krüppel ihr da täglich erzeugt? Seid ihr wirklich so total bescheuert, so völlig blind, so abgestumpft? Wacht endlich auf! Sperrt eure Augen auf! Bewegt eure Hirnzellen! ...." Diese Rede könnte noch lange dauern, denn die Wut ist gross.

Was ist los? Frisch geboren und schon so voller Zorn?
Im Grunde genommen wusste ich es ja, und doch war ich enttäuscht und ein bisschen frustriert. Ich hatte mein Bestes gegeben, meine Energien zu halten und mich an meinen Körper festzuklammern. Aber die Gegenkräfte waren zu stark gewesen. Sicher spielte schon die Grundprägung in mir eine Rolle, dass ich mir nicht sicher war, überhaupt erwünscht zu sein. Diesen Umstand habe ich bereits in den vorangehenden Büchern beschrieben. Meine Mutter hätte kräftemässig nicht schon wieder schwanger werden sollen, hatte sie doch eben erst meiner Schwester das Leben geschenkt. Aber offensichtlich war es aus verschiedenen Gründen richtig, dass ich mich zu diesem Zeitpunkt bei ihr inkarnierte. Folglich fand bei ihr trotz ihrer Bemühungen eine Befruchtung statt. Dies schien bei mir Spuren zu hinterlassen, die sich als tiefe Verunsicherung in mir festsetzten. Nun kam dazu, dass man meiner Mutter keine Gelegenheit gab, ihr Kind bei vollem Bewusstsein freudig zu empfangen und willkommen zu heissen: Lachgas hatte sie beduselt. Zudem wurde das frisch geborene Kind gleich vom medizinischen Personal auf seine Gesundheit überprüft. Folglich gab es keine Streicheleinheiten der Mutter, sondern die damals üblichen Tests. Bei einem davon wird der Säugling gehalten, dann der Oberkörper ganz kurz leicht fallen gelassen. Damit überprüft man die Reflexe. Ich kann mich noch heute an diesen Schreckmoment erinnern, an diesen Fall ins Bodenlose. Obschon die stützenden Hände nur sehr kurze Zeit fehlen, scheint dies auszureichen, um einen Schock zu erzeugen, zumindest bei mir in dieser Situation.

Wie bereits erwähnt, hatte ich mich gleich nach der Geburt von meinem Körper abgespalten. Dieser Sachverhalt ist mir aber schon seit längerer Zeit bekannt. Was mir in diesem Kurs jedoch plötzlich auffiel, war diese unglaubliche Wut. Wo war sie eigentlich während all der Jahre geblieben? Als Kind war ich stets friedlich gewesen, hatte nie zu

Jähzorn geneigt. Ich war ein absolutes Träumerchen, zudem sehr verspielt und äusserst kreativ. Stundenlang konnte ich mit allem spielen und später auch basteln. Unter meinen geschickten Fingern entstanden hübsche kleine Gegenstände. Meine Phantasie liess mich zudem in andere Welten entschweben, die etwas einfacher waren als die Realität. Dort herrschten märchenhafte Zustände, in denen schlussendlich das Gute gewann. Wie es genau zu diesem Sieg kam, war für mich nicht unbedingt nachvollziehbar. Das würde sich einfach von selbst ergeben, das Schicksal würde es richten. Dieser Teil in mir war sehr ausgeprägt, und zwar während langer Zeit in meinem Leben. Einerseits wirkt er lebensfremd, andererseits nehme ich ihn aber auch als starke Ressource wahr. Er beinhaltet nämlich eine Art Urvertrauen in eine unbändige Kraft in mir, die mich durch alles tragen kann, selbst durch allerschwierigste Umstände.

Parallel zu diesem phantasievollen Kind gab es aber noch ein ganz anderes, das sich der Realität sehr wohl bewusst war: dieses war sehr ängstlich. Es getraute sich nicht, von einem höheren Gegenstand auf den Boden hinunterzuspringen. Zudem hatte es Angst, etwas zu beichten, wenn ihm ein Missgeschick geschehen war. Solange es unter dem Schutz der Familie stand, war es eher vorlaut und selbstsicher. Aber wehe, es sollte eine neue Situation alleine meistern: da wurde es dem Mädchen ganz klamm und angstvoll im Herzen. Weil das Kind Susi aber meistens im Familienverband oder in vertrauten Umgebungen verkehrte, wurde vorwiegend die sichere, kreative, vorlaute und fröhliche Natur des Mädchens sichtbar und folglich diesem auch bewusst.

Die Umgebung sowie die Lebensumstände definieren also, welche Anteile der Persönlichkeit vorwiegend aktiviert werden. In meinem Fall war es – wie gesagt – die scheinbar selbstsichere und gleichzeitig realitätsfremde. Diese Mischung aus vorlaut und Märchenwelt bewährte sich bestens, um eine geliebte Kreatur zu sein (die Erwachsenen hatten Freude an diesem lieben und phantasievollen Kind). Zudem fühlte ich mich in diesem Bereich meines Seins wohl, konnte ich so doch schwierigere Aspekte elegant ausblenden. Somit waren alle glücklich und zufrieden, fast wie im Märchen.

Können sich gewisse Persönlichkeitsanteile aus bestimmten Gründen nicht ausdrücken, bleiben sie für unsere im Alltag gebräuchlichen Sinne wie die Augen, Ohren, Gespür, Geruch sowie Geschmack unbemerkt. Aber das heisst nicht, dass sie nicht mehr existieren. Wut beispielsweise ist Ausdruck von feurigen Energien. Diese Energien finden sich im Energiesystem einer Person wieder, welche Wut aufgebaut hat. Ist diese Wut gestaut und kann sie sich nicht abbauen, weil das zugrundeliegende Trauma nicht gelöst ist, gibt es zwei Möglichkeiten:

a) Man spaltet diesen Bereich sorgfältig ab, so dass die gestaute Energie isoliert wird. Man spürt sie nicht mehr und ist sich ihrer auch nicht bewusst. Folglich belebt man nur einen Teil seiner Persönlichkeit, fühlt sich nie ganz, leidet unter einem Mangel an Selbstvertrauen, weiss nie recht was man will und anderes mehr.

b) Gelingt eine Abspaltung nicht, muss sich die entsprechende Feuerenergie einen Katalysator suchen, um sich zu entladen. Solange das Grundproblem ungelöst ist, solange man mit dem Auslöser der Wut also keinen Frieden geschlossen hat, wird sich die Feuerenergie aber ständig neu bilden. Folglich kommt es immer und immer wieder zu Entladungen. Katalysatoren im genannten Fall können Wutausbrüche und/oder aggressives Verhalten sein. Bei friedliebenden Menschen, welche ein solches Verhalten wirksam blockieren, kann sich die überschiessende Energie aber auch in körperlichen Beschwerden entladen, z.B. in Form von Entzündungen, Verdauungsbeschwerden oder eben *Migränen*. Es besteht zudem die Möglichkeit, dass sich Aggressionen nach innen richten und ein selbstzerstörerisches Verhalten mit Selbstverletzungen erfolgt. Ebenso sind Depressionen eine Alternative.

Kurz: Werden emotionale Probleme nicht gelöst, entsteht psychisch und/oder physisch ein Ungleichgewicht. Somit hatte ich es geschafft, mir gleich nach der Geburt eine Belastung aufzubürden, die meine eh schon missliche Lage verschärfte. Im Grunde genommen hätte es völlig ausgereicht, ganz nüchtern festzustellen, dass nicht alles optimal verlief. Doch etwas in mir geriet so sehr in Rage, dass ich bereits im zarten Alter von wenigen Minuten meinen ersten Wutanfall erlitt.

Nachdem mir klar geworden war, woher meine innere Aggression kommt, suchte ich Wege, sie aufzulösen. Das war kein leichtes Unterfangen, denn ich merkte bald, dass diese Wut sehr oft auftauchte. Sie war so sehr Teil von mir geworden, dass es eine Weile dauerte, bis ich diesen Umstand überhaupt erkennen konnte. Wegen meines Bestrebens, ein liebes Susi zu sein, hatte ich diesen Aspekt meiner selbst nämlich so geschickt in mir versteckt, dass er für mich selbst schwer zu erkennen war. Doch dank meiner immer besser werdenden Selbstwahrnehmung enttarnte ich ihn allmählich. Bald konnte ich bei den ersten Regungen einer aufflammenden Wut reagieren und die entsprechenden Energien erfolgreich in neue Bahnen lenken. Parallel dazu machte ich in meiner Praxis verschiedene Erfahrungen, die mir halfen, das Phänomen „Wut" besser zu verstehen. Da diese Erkenntnisse für uns alle sehr zentral sind, möchte ich sie im folgenden Kapitel ausführlicher darstellen.

7 Wut

„Ich will diese Schokolade!" schreit der kleine Knirps mit rotem Kopf und versucht, die abwehrenden Hände der Mutter wegzustossen. Wutentbrannt heult er auf ...
Wie es weiter geht, können wir uns alle etwa ausmalen.

„Arme Mutter", denke ich jeweils, wenn ich in einem Geschäft eine solche Szene miterlebe. Manche Leute ignorieren den Vorfall. Andere erdolchen die gestresste Frau buchstäblich mit ihren Blicken. Uns allen ist klar: das Kind will etwas haben. Weil es dies offensichtlich nicht bekommt, wird es wütend. Je nach Charakter und bereits erfolgter Erziehung wird es unterschiedlich lange dauern, bis der kleine Erdenbürger die Frustration verkraften und damit wieder Ruhe einkehren kann.

Ach, wenn das Leben doch nicht mit so vielen Verlockungen gespickt wäre! Dauernd gibt es etwas, das man begehrt. Manche Dinge verheissen uns mehr Genuss bzw. Gewinn, andere weniger. Je nach unserer Einschätzung wird das innere Reissen entsprechend gross. Haben wir zu wenig gut gelernt, mit Verzicht umzugehen, kann es für uns schwierig werden: bleibt ein Wunsch unerfüllt, löst dies viel Frustration aus. In der Folge werden wir uns innerlich mit aller Kraft gegen die einschränkende Struktur auflehnen und wütend werden. Allerdings kann auch eine Art Depression erfolgen im Sinn: *ich gehe sowieso immer leer aus. Alle anderen haben es besser. Ich werde vom Unglück verfolgt.* Hier hat sich die feurige Energie der Wut bereits gegen innen gerichtet und zeigt sich dann in ihrem Gegenpol, eben der Depression. Die betroffene Person hat in einem gewissen Sinn schon aufgegeben, empfindet sich als Verlierer. Ein Kampf erscheint ihr aussichtslos.

Wer diese Zeilen liest, wird vielleicht weise mit dem Kopf nicken und sich sagen: mit diesem Problem komme ich schon sehr gut klar. Ich habe gelernt zu verzichten. Das Materielle interessiert mich ohnehin nicht mehr gross. Ich habe andere Werte.

Doch aufgepasst: gerade Personen, welche so denken, sind gefährdet, ihren inneren Begehren zu erliegen. Sie erkennen nämlich nicht, dass auch ideelle Wünsche nichts anderes sind als Wünsche, die sie sich erfüllen möchten. Wenn ihnen das nicht gelingt, werden auch sie mit ihrer Enttäuschung konfrontiert sein. Allerdings kann man sich in den ideellen Bereichen wundervoll selbst betrügen. Im materiellen Bereich sind die Fakten klar: entweder man bekommt oder man bekommt eben nicht. Wer kann einem aber sagen, wie fest man schon „erleuchtet" ist? Wie lassen sich die spirituellen Erlebnisse einordnen? Hier sind wilde Spekulationen möglich. Dabei erkennt man möglicherweise gar nicht, dass man spirituell im Grunde genommen keinen wesentlichen Schritt weiter gekommen, sondern lediglich die innere Bilderwelt noch eine Spur detaillierter und farbiger geworden ist. Wehe, jemand anders spricht einem dann eine hohe Spiritualität ab. Das vermag erhebliche Reaktionen in Form von Wut zu erzeugen. Wobei: eine solch erhabene Person wird ja nicht mehr wütend. Folglich dürfte die innere Auflehnung kaum mehr als Wut erkennbar sein. Dieses Gefühl wird im Keim erstickt, also verdrängt. Damit ist die entsprechende Energie aber nicht verschwunden. Sie bleibt irgendwo im Energiesystem hängen.

Beim eben beschriebenen Beispiel wird gut sichtbar, dass wir sehr aufmerksam sein müssen. Solange wir ein Ego haben, werden uns Wünsche umtreiben. Finden sie keine Erfüllung, gibt es Reaktionen. Manchmal wäre es einfacher, wir würden uns wie der kleine Knirps im Laden benehmen. Dann wäre offensichtlich, dass wohl noch ein bisschen innere Arbeit notwendig ist, bevor wir uns zu den Heiligen zählen dürfen. Ohne solche sichtbare Reaktionen bleiben unerwünschte Gefühle teilweise unglaublich gut versteckt. Es kann Jahre dauern, bis man sich bewusst wird, dass sie überhaupt in einem vorhanden sind.

Als ich begann, meine verdrängten Anteile zu spüren, war ich überrascht, wie häufig und schnell die Wut in mir aufflammte. Banalste Situationen, in denen sich meine Vorstellungen nicht erfüllten, riefen ein inneres Aufbegehren hervor. Ich musste dann jeweils eine Lösung für mich erarbeiten, damit mein enttäuschtes Ego wieder friedlich wurde. Folglich waren Strategien gefragt, wie ich mit dem Haben-Wollen umgehen konnte. Am Anfang dauerte es eine gewisse Zeit, bis der frustrierte Teil in mir ruhig wurde. Doch mit etwas Übung stellte sich bald eine gewisse Routine ein. Zum Einen entlarvte ich meine innere Wut schnell und treffsicher, zum Andern war sie innert nützlicher Frist umgepolt.

Dank meiner Arbeit als Therapeutin bin ich in der glücklichen Situation, dass ich bestimmte Phänomene täglich studieren kann. So begann ich zu erkennen, was Wut mit uns anrichtet. Wenn sie als gestaute Energie im System sitzen bleibt, blockiert sie förmlich den gesamten Energiefluss. Damit gibt es jede Menge an möglichen Folgeproblemen. Am Einschneidensten dürfte sein, dass eine weitere spirituelle Entwicklung kaum möglich ist. Leider sieht es nicht besser aus, wenn die Wut quasi „fliessen darf". In diesem Fall dreht sich unser Denken nämlich vorwiegend um die Situation, die uns einen Verlust bescherte bzw. die unsere Gefühle verletzte. Wir können sie einfach nicht loslassen, auch wenn wir uns darum bemühen. Sie verfolgt uns und bewirkt ein Kreisen im Kopf, das durch hartnäckige Emotionen des Aufbegehrens, der Depression oder anderer Art genährt wird. Wenn dann endlich wieder Frieden eintritt, geniessen wir die Ruhe und widmen uns anderen Belangen. Unsere eingeschränkte Form, mit dem Leben umzugehen, bleibt aber bestehen, wenn wir unsere Mechanismen nicht kritisch betrachten und in der Folge bearbeiten.

Wie schon erwähnt, tönt die Theorie oft recht einfach. Über die genannten Abläufe nachzudenken, ist ebenfalls nicht besonders schwierig. Auch die Analyse von uns bereits bekanntem Verhalten ist keine Hexerei. Doch wehe, wenn wir mit Aspekten konfrontiert werden, deren Ursache noch weitgehend im Unterbewussten schlummert. Hier wird es manchmal so kompliziert oder gar bedrohlich, dass uns gewiefte Verdrängungsmechanismen effizient in Unwissen einlullen. Werden wir nicht mit einem gewissen Druck dazu gezwungen, aktiv zu werden, lassen wir eine vertiefte Arbeit an uns selbst in der Regel lieber bleiben. Doch damit berauben wir uns selbst unseres menschlichen Guts. Wie dies gemeint ist, möchte ich im folgenden Kapitel erörtern.

8 Wie ein Tier

Nun muss ich sehr vorsichtig sein, denn sonst sind mir viele böse Kritiken gewiss. Ich gehe nämlich davon aus, dass wir als Menschen ein ganz spezielles Gut mitbekommen haben, das wir im Tierreich möglicherweise nicht in dieser Art vorfinden. Ausschliessen möchte ich letzteres nicht, denn dazu ist unsere Forschung noch zu wenig fortgeschritten. Eigentlich spielt es auch keine Rolle. Wichtig ist einzig und allein die Tatsache, dass wir Menschen über die folgenden beiden Gaben verfügen:

- Wir können über etwas nachdenken.
- Wir können freie Entscheidungen treffen.

Der zweite Fakt ist allerdings auch nicht eine Aussage, die alle mit mir teilen möchten. Hier stellt sich nämlich die Frage, ob es ein Schicksal gibt und in wieweit uns dieses determiniert. Diesen Aspekt habe ich in Band 3 bereits detailliert besprochen. Dabei kam ich zum Schluss, dass das Gut der freien Entscheidungen grundsätzlich gegeben wäre. Wie sehr wir es nutzen können, ist dann allerdings eine andere Frage.

Geschenke sind eigentlich etwas Wundervolles. Doch die beiden oben genannten haben ihre Tücken. Ich kann sie ungefähr mit dem Taschenmesser vergleichen, das ich als Kind einmal zu Weihnachten geschenkt bekam. Oh, wie ich mich darüber freute! Als aktive Pfadfinderin hatte ich genügend Ideen, wo es mir nützlich sein würde. Dummerweise musste es gleich am Weihnachtstag ausprobiert werden, leider nicht ganz sachgemäss. Die Narbe des Resultates schmückt noch heute meine Hand. Anschliessend war ich sehr viel vorsichtiger mit dem scharfen Instrument und nutzte es auch weiser. Eines der nachfolgenden Ergebnisse waren schöne Kerbschnitzarbeiten.

Wozu ein Taschenmesser nützlich sein kann, liegt auf der Hand. Nun sollten wir uns überlegen, was uns die beiden oben genannten Geschenke „nachdenken können" und „entscheiden dürfen" bringen sollten. Je nach Philosophie sind verschiedene Ansichten möglich: ich kann mir beispielsweise ein erfolgreiches Leben aufbauen. Dazu gehört ev. eine glückliche Familie, eine gute Arbeitsstelle mit einem respektablen Lohn und anderes mehr. Vielleicht sind meine Bedürfnisse aber auch eher ideeller Natur. Dann wünsche ich mir wahrscheinlich mehr Selbsterkenntnis bis hin zur Erleuchtung, was auch immer man sich unter „Erleuchtung" vorstellt. Ganz verwegene Erdenbürger könnten auf die Idee kommen, dass beide Ziele etwas zusammen zu tun haben und sich vereinbaren lassen. Wie dem auch sei: wir wollen *Erfolg*, natürlich ohne je unter Misserfolg leiden zu müssen.

Um letzterem – also dem Misserfolg – so oft wie möglich auszuweichen, brauchen wir entsprechendes Wissen. Damit kommen wir einen mächtigen Schritt weiter bei der Frage, wofür wir die beiden Geschenke benützen sollten: *für das Erarbeiten von Erkenntnis*. Wer die vorangehenden Bände gelesen hat, weiss aber schon, dass dies nicht nur im weltlichen Bereich erfolgen sollte. Genauso wichtig ist die Einsicht in *spirituelle Zusammenhänge*. Das bedeutet, dass bei letzterem Forschung gefragt ist. Wir sind folglich aufgerufen, die Mechanismen, die unser Sein beeinflussen, verstehen zu lernen. Also müssen wir untersuchen, welche Kräfte auf uns einwirken und welchen Einfluss wir wiederum mit unseren Kräften und Mechanismen auf die Welt haben. Es gibt nämlich viele Phänomene, die wir nicht umfassend verstehen. Deshalb nennen wir sie *chaotische Systeme* (z.B. das Wetter), *Wunder* (z.B. unerklärliche Heilungen), *Zufälle* oder wir ignorieren die entsprechenden Phänomene schlicht. Hier wären wir aufgerufen, in Bereichen zu forschen, die nicht mehr ohne weiteres mit unseren gewohnten Sinnen (Augen, Ohren, Tastsinn, Geruchsinn) wahrnehmbar sind. Doch das ist für viele Menschen noch immer ein Tabu. Wenn wir aber wüssten, wie alles funktioniert (dabei schliesse ich auch die für uns schwer wahrnehmbaren Bereiche mit ein), könnten wir es beeinflussen. In der Folge wäre es uns möglich, gewünschte Resultate mit entsprechendem Verhalten zu erzielen.

Dies tönt alles sehr logisch und ich nehme an, dass alle Leser mit mir einverstanden sind. Zudem werden sie mir sagen, dass sie als spirituell orientierte Menschen ohnehin schon entsprechende Studien betreiben. Somit wäre dieses Buch wohl gänzlich überflüssig.

Doch genau hier wage ich zu behaupten, dass wir uns mit grossem Erfolg tagtäglich belügen. Wir sind Meister darin, unser Wissen *auszudehnen*, ohne es jedoch zu *vertiefen*. Das hat zur Folge, dass die meisten Menschen die beiden Geschenke nicht weiser benützen als ich mein Taschenmesser am Weihnachtstag. Wie ist dies zu verstehen?

Wie bereits im vorangehenden Kapitel dargestellt, sind wir sozusagen darauf programmiert, unsere Wünsche zu erfüllen. Diese können materieller, aber auch ideeller Natur sein. Was wäre da nicht naheliegender, als unsere Geschenke entsprechend einzusetzen? Wir nutzen sie also sehr eifrig dafür, unsere Begehren zu befriedigen. Kaum ist es uns gelungen, ein entsprechendes Ziel zu erreichen, gibt es schon wieder tausend weitere, die angestrebt werden müssen. Unser Hirn ist jeweils aufgefordert, darüber nachzudenken, wie dies am besten möglich wäre. Anschliessend wählen wir von den verschiedenen Möglichkeiten diejenige aus, die am vielversprechendsten scheint. Wenn wir Glück haben, gelingt uns das Vorhaben. Verfolgt uns das Pech, müssen wir Misserfolg einstecken. Gleich rattert das Hirn wieder los und sucht neue Wege.

Würden wir das Ganze einmal analysieren, müssten wir ernüchtert feststellen, dass unser Leben im Grunde genommen immer nach gleichen Mustern abläuft. Etwas scheint sich endlos zu wiederholen. Im Trubel der Geschehnisse merken wir es oft nicht, weil das Grundmuster mit stets wechselnden Kulissen und Gegebenheiten durchgespielt wird. Diese Kulissen und Gegebenheiten nehmen uns so sehr in Beschlag, dass uns der repetitive Charakter unseres Verhaltens gar nicht auffällt. Gleichzeitig sind wir aber der vollen Überzeugung, wir würden uns fortwährend entwickeln.

Doch warum sind wir so einfältig? Warum wiederholen wir uns ständig? *Weil wir ganz am Anfang unseres Lebens bestimmte Verhaltensmuster gelernt haben, die wir als überlebenswichtig erachteten.* Und genau bei Letzterem liegt die Tücke: *das gelernte Verhalten sollte unser Überleben sichern.* Damit befinden wir uns unvermittelt im Tierreich. Selbst primitivere Tierarten wissen nämlich genau, was sie tun müssen, um überleben zu können. Dieses Wissen wird von einer Generation auf die nächste übertragen. Auch wenn ein Lebewesen nur über wenige einfachste Mechanismen verfügt: sie garantieren wirksam das Überleben der Spezies.

Da menschliches Verhalten teilweise recht zivilisiert und manchmal auch spirituell erfreulich ist, werden wir uns selbst gegenüber förmlich blind. Wir sind uns der „primitiven" Mechanismen nicht bewusst, die unser Denken und Handeln massgeblich beeinflussen. Sie sorgen aber wirksam dafür, dass wir auf einer bestimmten Bewusstseinsebene kleben bleiben. Folglich erkennen wir unsere Irrtümer nicht, was zu einer gewissen Überheblichkeit führt. Würden wir uns mit den Schichten befassen, in denen unsere „Überlebensstrategien" gespeichert sind, könnte unsere aufgebaute Selbstsicherheit arg in Bedrängnis kommen. Unser Ego wäre darüber gar nicht erfreut. Also ist es an solcher Tiefenarbeit nicht interessiert bzw. lehnt es sie kategorisch ab. Eine seiner am meisten verbreiteten Strategien, die wir sehr „erfolgreich" anwenden, ist folgende:

Wir bauen unser bestehendes Wissen über die Welt einfach ein bisschen aus und differenzieren es. Dies vermittelt uns das Gefühl, wir kämen weiter und würden uns entwickeln. Doch im Kern bleiben wir die naiven „Kinder", die vom Leben noch immer nicht viel verstanden haben. Die Folgen davon sind leider überall gegenwärtig: wir zerstören die Umwelt und schlagen uns gegenseitig die Köpfe ein.

Vielleicht beleidige ich ja die Tierwelt, wenn ich an dieser Stelle sage, wir heben uns in diesem Fall kein bisschen vom Tier ab. Wir benützen die Geschenke nicht, die wir als Menschen bekommen haben, bzw. wir benützen sie falsch. Folglich kommen wir in der spirituellen Entwicklung nicht wirklich weiter, sondern setzen unsere Fähigkeiten dafür ein, uns fröhlich weiter im Kreis zu bewegen und unser Ego zu nähren. Die Krisen auf dieser Erde sprechen leider ganze Bände.

Nun drängt sich natürlich die Frage auf, was wir denn machen müssten, um aus diesem Teufelskreis ausbrechen zu können. Wenn sich der Mensch schon als Krone der Schöpfung erachtet, sollte er diesem Bild auch gerecht werden. Bevor ich näher auf diese Frage eingehe, möchte ich aufzeigen, welche biologischen Grundlagen unser Sein beeinflussen.

9 Biologische Grundlagen

Die Natur ist eine Tüte voller Wunder, von denen wir teilweise noch sehr wenig wissen. Für mich ist beispielsweise das Entstehen von neuem Leben immer wieder ein Moment, der mich ehrfürchtig werden lässt. Kaum ist dieses neue Leben geboren, geht das Wunder gleich weiter. Weshalb weiss ein frisch geborenes Kälbchen zum Beispiel, dass es jetzt aufstehen und die Zitzen der Mutter suchen muss? Woher kommen die Reflexe, die dazu führen, dass das Tierchen saugt? Alle beschriebenen Vorgänge verlangen u.a. komplizierte muskuläre Leistungen. Während sich gewisse Muskeln anspannen müssen, sollten sich deren Gegenspieler entspannen, sonst hätten wir eine Krampfsituation. Irgendwo muss dieses ganze Muster bereits im Kalb angelegt sein, so dass es ohne grosses Üben angewendet werden kann.

Es gibt zwei Gruppen von Verhaltensweisen, die bereits nach der Geburt vollständig funktionsfähig sind: *Instinkte* und *Reflexe*.

- *Instinkte* bezeichnen normalerweise angeborene Mechanismen. Ein spezifischer Auslöser führt dabei zu einem bestimmten, stets gleichförmigen Verhalten. Die Fürsorge der Mutterkuh nach der Geburt des Kalbes (trocken lecken und anstupsen) dürfte beim Jungtier den Instinkt wecken, aufzustehen und nach der Milchquelle zu suchen.

- Ein *Reflex* ist eine unwillkürliche und stets gleichartige Reaktion eines Organismus auf einen bestimmten Reiz. Dabei wird der auslösende Reiz automatisch verarbeitet, also ohne Einbezug des Bewusstseins. Dazu braucht das Lebewesen eine entsprechende Sinneswahrnehmung (das Kalb muss die Zitze im Maul spüren). Diese wird durch das Nervensystem verarbeitet, welches anschliessend die Muskulatur aktiviert (Saugbewegung).

Natürlich sind wir Menschen keine Kühe. Während das Kalb ein sogenannter *Nestflüchter* ist, sind wir Zweibeiner *Nesthocker*. Nestflüchter sind bereits nach der Geburt soweit ausgebildet, dass sie einem Elterntier und/oder einer Herde sofort folgen können. Zwar benötigen sie meistens noch die Hege der Erwachsenentiere, aber sie gewinnen sehr schnell an Selbstständigkeit. Nesthocker hingegen kommen völlig hilflos zur Welt. Sie sind nackt und ihre Sinne sind nur teilweise ausgebildet. Ohne umfassende Pflege der Elterntiere überleben sie nur kurz.

Ob Nestflüchter oder Nesthocker, ob Mensch oder Tier: jedes frisch Geborene verfügt über gewisse rudimentäre Fähigkeiten, also Instinkte und Reflexe. Diese sind in ihm angelegt. So krabbelt ein Baby, das man der Mutter auf den unteren Bauch legt, bald nach oben. Woher weiss es, dass es jetzt krabbeln muss? Hat es die Brust erreicht und gibt man ihm die Brustwarze in den Mund, setzt der Saugreflex ein. Dies ist – wie schon erwähnt – ein komplexer muskulärer Vorgang. Auch das anschliessende Schlucken der Milch ist ein bereits funktionsfähiges Muster. Woher kommen diese Muster? Gibt man dem Säugling z.B. etwas in seine Hand, wird sofort der Greifreflex wirksam. Die Fingerchen packen recht kraftvoll zu. Bei den Affen ist dieser Reflex sehr wichtig. Ein Jungtier klammert sich dadurch am Fell der Mutter fest und bleibt so immer mit ihr verbunden. Ob wir also tatsächlich von den Affen abstammen? Oder haben wir einfach gemeinsame Vorfahren?

Neben den Reflexen sind – wie schon gesagt – auch die Instinkte überlebenswichtig. Einer davon sorgt beispielsweise dafür, dass Kinder bittere Nahrungsmittel nicht mögen. Sie „wissen", dass sie giftig sein könnten. Ungeniessbares schmeckt effektiv meistens leicht oder sogar ausgeprägt bitter. Erweist sich etwas als süsslich, kann der kleine Erdenbürger eher davon ausgehen, dass er es mit einer bekömmlichen Nahrung zu tun hat. Diese Erfahrung ist ihm nämlich bereits von der Muttermilch her vertraut.

Da Menschen weitgehend von einer langfristigen Betreuung abhängig sind, ist eine tragende Bindung zwischen Eltern und Kind essentiell. Die Natur hat dafür u.a. den Elterninstinkt eingerichtet. Dieser wird aktiv, sobald Frauen und Männer Nachwuchs bekommen. Er sorgt dafür, dass sie sich mit Hingabe um ihre Kinder kümmern. Zusätzlich ist das Kind selbst grundsätzlich darum bemüht, geliebt zu werden. Es richtet sein gesamtes Verhalten instinktiv danach aus, von den Eltern Zuneigung zu erfahren, damit es genährt und beschützt wird.

Für ein Überleben ist ebenfalls wichtig, dass ein Nachwuchs Gefahren erkennt und vermeidet. Zudem muss er wissen, welches Verhalten sein Leben sichert. Folglich kopiert er die Eltern in allen Bereichen. Wo sie mit Schrecken und starker Ablehnung reagieren, weiss er, dass hier Gefahr lauert. Signalisieren sie Wohlgefühl, wird die entsprechende Situation ebenfalls ins Repertoire aufgenommen. Wie gesagt: hier geht es primär darum, dass ein Lebewesen lernt, wie es in einer sehr komplexen und gefährlichen Welt überleben kann. Wer nicht innert nützlicher Frist die notwendigen Handlungsweisen aufbaut, ist verloren.

Wie nun deutlich geworden ist, wird gleich am Anfang des Lebens eine grosse Menge von Verhalten aufgebaut. In dieser Beziehung unterscheiden wir Menschen uns nicht vom Tier. Biologische Mechanismen sorgen dafür, dass unser Überleben gesichert wird. Als Folge dieser ersten Prägungen schlummert in unserer Tiefe ein riesiges Arsenal von „Wissen", das sich später jedoch nicht als bewusste Kenntnisse äussert, sondern als automatisiertes Verhalten. Dieses beeinflusst unsere Persönlichkeit massgeblich.

Leider übernehmen wir von unseren Eltern nicht nur hilfreiche Lebensstrategien. Plagen sich unsere Vorbilder beispielsweise mit übertriebener Ängstlichkeit ab, werden wir einiges davon ungefiltert kopieren. Obschon wir später erkennen, dass dieses Verhalten ungünstig ist und uns keineswegs dient, können wir es nicht so leicht verändern. Es ist zu tief in uns eingegraben. Wir haben gelernt, dass es überlebenswichtig ist, die angstmachende Situation zu meiden. Genau so effektiv haben wir möglicherweise gelernt, immer lieb zu sein. Schliesslich mussten wir uns die elterliche Fürsorge sichern. Wehe, wenn wir im Erwachsenenalter den Versuch unternehmen, dieses Verhaltensmuster zu knacken und uns zu wehren. Das kann höchst unangenehme Gefühle verursachen. Schliesslich tragen wir tief in uns die Botschaft: *wenn du nicht lieb bist, bekommst du die Fürsorge nicht. Folglich stirbst du.*

Das tönt ziemlich deftig, und genauso deftig kann sich die Arbeit in diesen Schichten anfühlen. Deshalb werde ich unserem „tierischen Erbe" in der Folge ein weiteres Kapitel widmen.

10 Massage

Aua! Jetzt muss ich meine Zähne kräftig zusammenbeissen, denn das schmerzt gewaltig! Und dies lasse ich sogar freiwillig über mich ergehen!

Wieder einmal befinde ich mich auf einer Massageliege. Diesmal legt nicht mein lieber Ivan Hand an, sondern eine seiner Berufskolleginnen. Sie geht gar nicht zimperlich mit mir um. Zwar entschuldigt sie sich mitleidsvoll nach jeder „Attacke" auf meine verhärtete Muskulatur, führt jedoch wacker ihre Arbeit fort. Ich leide erbärmlich und schwitze bereits gewaltig. Aber ich weiss: wenn mir mein Ischias hartnäckig das Leben schwer macht, ist diese Frau die richtige Person, um mich von meinem Übel zu befreien. Sie spürt genau, wo die schlimmsten Knoten hocken und macht ihnen in der Folge den Garaus. Endlich lässt sie von meiner malträtierten Pobacke ab und widmet sich anderen Bereichen meines Körpers, die nicht mehr ganz so drastische Massnahmen erfordern.

Etwas benommen verlasse ich nach einer Stunde den Ort meiner „Folter". Mir schwant bereits Böses: wenn so tiefe Verspannungen gelöst werden müssen, lässt die Reaktion meistens nicht lange auf sich warten. Eine Migräne dürfte die Folge der Behandlung sein. Und tatsächlich: die folgenden Tage leide ich effektiv beträchtlich. Doch wie sollte ich das Problem anders lösen? Entweder plage ich mich mit einem quälenden Ischias-Schmerz ab oder ich gehe das Risiko ein, mir eine Migräne einzuhandeln. Bisher hatte ich noch keine Idee, wie sich meine verhärteten Muskeln ohne eine Reaktion lösen liessen. Irgendwo gäbe es vielleicht eine Mitte, wo eine Behandlung genau so intensiv ist, wie ich sie ohne Reaktion wegstecken könnte. In diesem Fall würde der Ischias befreit, ohne dass ich mit einer Migräne „bezahlen" müsste. Wenn Ivan mich massiert, versuche ich immer, diese Mitte zu spüren. Seine Massagen sollen wirkungsvoll sein, aber keine Nachwehen mit sich bringen. Manchmal kann ich diesen Bereich wahrnehmen, oft jedoch nicht. Während ich sehr aufmerksam auf meine körperlichen Zeichen achte, kommt irgendwann das Signal: „genug". Doch nun bin ich nicht sicher: ist es der ängstliche Teil in mir, der sich vor den Folgen eines weiteren Vordringens in die verspannten Bereiche fürchtet? Oder ist es effektiv genug? Also warte ich noch kurz ab, um besser zu spüren. Wieder folgt der Impuls "genug". Jetzt bin ich noch unsicherer als vorher. Deshalb lasse ich Ivan eine weitere Runde arbeiten. Entweder entschliesse ich mich bald einmal für den Abschluss der Behandlung oder ich lasse den Geschehnissen ihren Lauf. Nach einigen Stunden oder am folgenden Tag weiss ich dann Bescheid: der Kopf bringt die Wahrheit zutage. Nun kann ich zumindest im Nachhinein erkennen, ob es zu viel war. Ist dies der Fall, weiss ich bei der nächsten Massage bereits besser, auf welche Zeichen ich achten muss.

Wie du vielleicht schon vermutest, lieber Leser, befinden wir uns in einer tieferen Schicht meines Seins. Meine Masseure arbeiten an Strukturen, in welchen Stress gespeichert ist. Um welchen Stress es sich genau handelt, ist mir oft nicht bewusst. Ich weiss einfach, dass mein Körper in sehr frühen Phasen des jetzigen Lebens auf gewisse angstmachende Situationen reagierte, und zwar mit Schutzmechanismen, die mein Überleben sichern sollten. Und damit befinden wir uns mitten im Thema *Traumatologie*. Dieses umriss ich bereits in den vorangehenden Bänden mehr oder weniger ausführlich. Um mich nicht unendlich zu wiederholen, ist ein Auszug aus Band 3 im Anhang zu finden.

Wie wir im vorangehenden Kapitel gesehen haben, geht es zu Beginn des Menschenlebens primär ums Überleben. Dabei sind der ungeborene Fötus sowie der Säugling „primitiven" Mechanismen unterworfen, die uns aus dem Tierreich vertraut sind. Meine tiefen muskulären Verspannungen dürften folgendermassen zu erklären sein:

Fühlt sich ein Lebewesen bedroht, muss es etwas unternehmen, um sein Leben zu schützen. Bestehen gewisse *kognitive Fähigkeiten*, wird es sich überlegen, welche Taktik hilfreich sein könnte. Fehlen solche Denkfunktionen oder kommt das Individuum zu keinem brauchbaren Ergebnis, rüstet es sich zum *Kampf*. Erscheint dieser aussichtslos, wird es sich so schnell wie möglich aus dem Staub machen, also *flüchten*. Um eine Chance zu haben, sich zu retten, muss das bedrohte Wesen blitzschnell reagieren. Entsprechend hat es die Natur eingerichtet, dass notwendige Prozesse unterhalb der Bewusstseinsschwelle instinktiv

60

ablaufen. Kaum wurde die Bedrohung wahrgenommen, rüstet der Körper bereits auf: das Adrenalin steigt, der Blutdruck erhöht sich, die Muskulatur spannt sich an und anderes mehr. Nun kann es aber auch vorkommen, dass die Situation so katastrophal erscheint, dass weder Kampf noch Flucht Sinn machen. Hier kollabiert das Wesen und *stellt sich einfach tot*. So besteht die Hoffnung, dass der Feind seinen Sieg feststellt und damit das Interesse am Opfer verliert.

Wenden wir uns nun wieder unserem menschlichen Fötus und/oder Säugling zu. Stellen wir uns vor, der kleine Erdenbürger fühlt sich bedroht. Seine kognitiven Fähigkeiten sind noch zu wenig ausgebildet, als dass er sie für diese Situation nutzen könnte. Also muss sein Körper sich auf Kampf oder Flucht einstellen. Doch wie soll dieses kleine Wesen in dieser Form auf die Bedrohung reagieren? Seine Kräfte sind ja noch gar nicht genügend ausgebildet. Trotz seiner Schwäche wird es versuchen, sich gegen den Angriff zu schützen. Es wird sich winden und/oder zusammenziehen, um auszuweichen bzw. sich vor einer zerstörenden Einwirkung zu schützen. Bleibt die Gefahr über längere Zeit bestehen, wird dieses Schutzmuster aufrechterhalten. Oftmals bleibt es anschliessend in den entsprechenden Energiefeldern und Muskeln gespeichert, weil es nicht innert nützlicher Frist zu einer Entwarnung bezüglich der Gefahr kommt. Deshalb liege ich als erwachsene Person auf der Massageliege und lasse mich quälen, obschon ich nicht weiss, woher all die Knoten in meinen zusammengezogenen Muskeln kommen.

Auch hier begegnen wir einem sinnvollen Mechanismus der Natur: traumatisierende Ereignisse und die dazugehörenden körperlichen Muster verbannen wir in die Verdrängung. Wir werden es anschliessend meiden, mit ihnen in Kontakt zu kommen. Damit beugen wir wirkungsvoll vor, uns wieder mit der Panik konfrontieren zu müssen, die zum Zeitpunkt der Traumatisierung in uns herrschte. Diese war so gross, dass wir damit völlig überfordert waren. Würde sie uns mit der gleichen Wucht wieder überrollen, würden wir eine Retraumatisierung erleben, also ein weiteres Mal total niedergeschmettert werden. Statt also klare Bilder und Gefühle zu haben, wenn meine muskulären Knoten bearbeitet werden, ist es in mir diffus und neblig. Ich spüre mich

nicht richtig und kann nicht sagen, wann meine Pobacke genügend bearbeitet wurde, damit sich die Schmerzen lösen können. Ich fühle mich
effektiv hilflos wie ein Säugling. Es bleibt mir also nichts anderes übrig, als mich auf meine Erfahrung zu verlassen und das Risiko einzu-
gehen, dass es eine Reaktion gibt.

Unser tierisches Erbe gewährleistet einerseits *Lernprozesse*, welche
das Überleben sichern. Andererseits lässt es uns *auf Gefahren so reagieren*, dass diese uns möglichst *nicht umbringen*.

Beide in uns angelegten Verhaltensbereiche sind für uns überlebenswichtig, haben aber leider auch ihre problematische Seite. Diese
sorgt häufig dafür, dass wir in einzelnen Lebensbereichen Misserfolge
erfahren bzw. unter psychischen und/oder physischen Beschwerden
leiden. Wollen wir diese in ihrer ganzen Tiefe lösen, kommen wir in
der Regel an einen Punkt, wo wir mit einem unglaublich grossen Stress
konfrontiert werden. Hier geraten wir nämlich in Bereiche, in denen es
– wie gesagt – ums Überleben geht.

Sind wir nicht gewillt, vorübergehend unsere Komfortzone zu verlassen, sollten wir uns wohl folgendes eingestehen:

*Ich bin zu feige, um mich meinen Überlebensmustern zu stellen, sie
zu studieren und mich in der Folge aus ihnen zu erheben. Damit bleibt
es mir versagt, mein menschliches Gut – nämlich die Gaben der freien
Entscheidung und des Nachdenken-Könnens – auszuschöpfen.*

11 Arbeit an der Überlebensstruktur

Völlig perplex bleibe ich im Therapieraum zurück, nachdem sich meine letzte Patientin Anna verabschiedet hat. Wir kennen einander schon längere Zeit und folgen beide der Führung unseres lieben Swamiji. Ihre frühen Prägungen und Traumatisierungen machten und machen ihr das Leben sehr schwer, so dass sie oft nicht mehr weiss, wie es weitergehen soll. In solchen Zeiten nimmt sie jeweils dankbar meine Hilfe an. Doch jetzt dies: das gesamte innere Elend, der Schmerz, die Wut, die Enttäuschung und anderes mehr scheinen sich in einer Riesenwucht entladen zu haben. Alles wurde in Frage gestellt, selbst unsere Zusammenarbeit. Es war, als zerschlage sie alles vollständig, was sie nicht schon irgendeinmal in ihrem Leben zerschlagen hatte. Übrig geblieben ist ein einziger grosser Scherbenhaufen. Wir sind an einem absoluten Tiefpunkt angelangt. Selbst unsere Beziehung, die oft das einzige noch intakte Element in ihrem Leben war, ist Opfer dieses umfassenden destruktiven Rundumschlags geworden. Mir ist klar: ich muss damit rechnen, dass sich Anna nicht mehr bei mir melden wird. Ich mache mir Sorgen. Schafft sie es, einen Weg aus diesem Scherbenhaufen zu finden?

Auch wenn ich schon einiges an Routine aufgebaut habe – solche Situationen lassen mich nicht kalt. Mir weint das Herz ob all des Elends, das rund um mich herrscht. Doch weil ich immer wieder erlebe, dass Menschen die Kraft haben, selbst aus unmöglich Scheinendem noch etwas zu erbauen, sieht der optimistische Teil in mir stets Möglichkeiten einer positiven Zukunft. Das schenkt mir die Motivation, immer weiter zu machen, auch wenn ich mich durch solche Szenen vorübergehend wie gelähmt fühle. Doch weshalb habe ich hier diese Begebenheit überhaupt beschrieben?

Im Verlauf des letzten Kapitels tauchte bei einigen Lesern möglicherweise die Frage auf, wann wir uns bei unserer Arbeit mit uns selbst in den Strukturen der Überlebens-Mechanismen befinden. Ich machte bereits klar, dass eine ernsthafte Konfrontation mit solchen Bereichen nur möglich ist, wenn wir willens sind, unsere Komfortzone zu verlassen. Da es hier um die nackte Existenz geht, können wir uns sehr verunsichert und gestresst fühlen, sobald wir mit entsprechenden Mustern Kontakt aufnehmen. Sind wir an einem Punkt angelangt, wo ein tiefgreifender Wandel problematischer Mechanismen möglich wird, kann sich dies sehr dramatisch äussern. Nachdem die ganze Struktur schon soweit bearbeitet wurde, dass sie nun aufgelöst werden könnte, führt dies zeitweise zu einem Zustand, bei dem man jegliches Gefühl eines inneren Gehaltenseins verliert und auch keine Zukunftsperspektive mehr hat. Alles erscheint völlig hoffnungslos. Innen ist es schwarz. Man fühlt sich sozusagen verloren. Im Grunde genommen ist man mit dem Gefühl konfrontiert, das während einer Traumatisierung herrschte: *abgrundtiefe Angst, endgültig verloren zu sein.* Wer aber gute Vorarbeit geleistet hat, wird trotz der niederschmetternden Emotionen stark genug sein, sich aus dem Scherbenhaufen zu erheben und Schritte zu tun, welche ein Weiterführen des Lebens ermöglichen. Die tiefe Erschütterung dürfte nun aber dafür sorgen, dass dieses Leben nicht mehr dasselbe sein wird wie vorher. Gewisse Situationen benötigen eine Korrektur, ebenso veraltete Denk- und Handlungsmuster. Möglicherweise beginnt die Person zu verstehen, welche Mechanismen aus der frühesten Zeit sie ständig zu unvorteilhaften Entscheidungen und Tätigkeiten antrieben. Damit kann sie diese auch verändern. Ein langsamer, aber stetiger Aufbau eines Lebens, das auf einer neuen Grundlage basiert, kann erfolgen. Dies ist harte Knochenarbeit, die viel Geduld erfordert. Um das wirklich umfassend zu verstehen, möchte ich noch einmal das Wichtigste zusammenfassen und gleichzeitig ergänzen:

Gelerntes Verhalten und erlittene Traumen in früher Lebenszeit ergeben eine Mischung, die unsere Persönlichkeit massgeblich determiniert. Sie definiert bereits Probleme, die uns erwarten. Ebenso prägt sie die Art und Weise, wie wir mit dem Leben umgehen. Besonders bei Schicksalsschlägen lassen uns alte Traumen förmlich erstarren oder versetzen uns in Panik. Es ist deshalb wesentlich, Grundsätze aus der Traumatologie zu kennen und anwenden zu können.

Einer der Momente in meinem Leben, als mich die nackte Angst erfasste, war sicher die Erkenntnis, dass meine Migräne total eskaliert war (s. Kapitel 3). Nachdem ich schon so viel versucht hatte, fiel ich in eine tiefe Verzweiflung: *Niemand mehr konnte mir helfen. Ich musste mit dem Schlimmsten rechnen.* In Kapitel 3 beschrieb ich auch bereits, wie man mit solchen „Katastrophen" umgehen kann.

Die erste Massnahme müsste immer eine *Verlangsamung* sein. Ist man alleine, sollte man alle Strategien einsetzen, die man zur Erreichung dieses Zieles kennt: Atmung vertiefen, Gedanken-Karussell anhalten oder zumindest verlangsamen, malen, Yoga machen oder anderes mehr. Befindet man sich in der Gegenwart einer anderen Person, kann alleine das Gehaltenwerden, also Körperkontakt, die Situation entschärfen. Manchen Leuten hilft es, wenn sie mit einem Gegenüber sprechen können. Andere sind in solchen Zeiten lieber alleine. Ich für mich bevorzuge den Rückzug, die Einkehr in die Stille und dabei den Kontakt mit Swamiji.

Sobald ein bisschen Ruhe eingekehrt ist, wird es möglich, dass konstruktivere Gedanken auftauchen. Plötzlich sind wieder Szenarien in Griffnähe, die eine lebenswerte Zukunft vorstellbar machen. Wie schnell solche Bilder auftauchen, hängt von verschiedenen Faktoren ab. U.a. sind grundsätzliche Lebensfreude und –optimismus des betroffenen Menschen ein Punkt, aber auch der Zugang zum eigenen Unterbewusstsein (meistens dank längerer Meditationspraxis). Ausschlaggebend ist in jedem Fall, dass innerlich wieder genügend Ruhe herrscht. Nur so gibt es Raum für neue Impulse. Zudem ist es sehr förderlich, wenn man aktiv in sich hinein hört und entsprechende Impulse sucht. Damit dies überhaupt möglich ist, muss die entsprechende Person wissen oder es zumindest als möglich erachten, dass in ihrem Innern noch konstruktive Lebensmodelle existieren, die für sie realisierbar wären. Dieser Glaube gerät bei grossen Krisen aber ebenfalls unter Beschuss. Deshalb möchte ich zu diesem Punkt folgendes zu bedenken geben:

Wenn ich mir in den Finger schneide, mache ich mir kaum Gedanken darüber, wie das Gewebe wieder verheilt. Ich weiss einfach, dass die Wunde nach einigen Tagen wieder geschlossen ist und kurz darauf nichts mehr von der Verletzung zu sehen sein wird. Vorsorglich desinfiziere ich die offene Stelle und klebe ein Pflaster darüber, um sie zu schützen.

Im Grunde genommen sind Traumen auch Wunden. Im Unterschied zum einfachen Schnitt können sie tief in die Seelenebene eingegraben sein. Folglich erleben wir sie als etwas sehr Dramatisches. Aber auch für diese „Verletzungen" hat uns die Schöpfung Selbstheilkräfte mitgegeben. Wir müssen einfach erste Hilfe leisten und die Verletzung entsprechend ihrer Beschaffenheit pflegen. Beim Schnitt kann es soweit gehen, dass wir ihn nähen lassen müssen. Anschliessend ist der Kontakt mit Wasser für einige Tage untersagt. In gewissen Fällen (bei einem Gelenk) macht das vorübergehende Tragen einer Schiene Sinn. Doch grundsätzlich wird der Körper den Schnitt selbst heilen, solange wir vernünftig damit umgehen.

Dasselbe gilt für Traumen: auch hier spielen Selbstheilmechanismen. Wir müssen einfach einige Grundregeln kennen und anwenden. Um diese aufzuzeigen, möchte ich im folgenden Kapitel näher auf die Situation von Anna eingehen.

12 Schwere Krisen bearbeiten

Totalabsturz!
Schwarz, schwarz, schwarz, unendlich schwarz!
Hoffnungslosigkeit! Es gibt keine Lösung mehr!
Verzweiflung! Todessehnsucht!

Als mir meine Patientin gegenüber sass und ihr Leben vor ihrem inneren Auge in tausende von sinnlosen Scherben zerbrach, konnte ich sie nicht mehr aufhalten. In Windeseile entglitt sie mir und tauchte in ihre schwarze Hoffnungslosigkeit ab. Ich hatte keine Chance: die Frau war eben erst zur Tür hereingekommen und liess mir keine Zeit, mit ihr in Beziehung zu treten. Der Orkan fegte bereits durch sie hindurch, bevor ich erkennen konnte, in welchem Zustand sie sich befand. Meine Versuche, das Ganze abzubremsen, misslangen. Sofort konterte sie mit destruktiven Worten, denn für sie war die Lage klar: alles war eine riesige Lüge. Selbst Leute, die ihr sonst wichtig und lieb waren, hatten sie in ihren Augen ständig belogen und ihr etwas vorgespielt. Die ganze Welt war heimtückisch, trampelte nur auf ihr herum und gab ihr keine Chance, ihr eigenes Leben aufzubauen. Folglich machte das Hiersein überhaupt keinen Sinn mehr. Sterben wäre wohl die beste Lösung.

Da ich meine Patientin schon länger kannte, wusste ich, dass sie über gute Ressourcen verfügte. So hoffte ich inständig, dass das bereits Aufgebaute (u.a. unsere Beziehung) ihr helfen würde, auch diese Krise zu meistern. Ich liess sie bald auf meine Therapieliege steigen, denn Worte machten für mich keinen Sinn mehr. Nun konnte ich zumindest sicherstellen, dass tragende Energien vorhanden waren. Zudem insistierte ich, dass sie ihren Hausarzt aufsuchte. Die Depression, die sie schon lange mit sich herumtrug, musste meiner Meinung nach neu aufgerollt und zusätzlich mit einer medizinischen Behandlung abgefangen werden.

Am Ende der Sitzung liess ich Anna schweren Herzens gehen und hoffte einfach, dass ihre konstruktiven Kräfte schlussendlich die Oberhand gewinnen würden.

Während der folgenden Tage hörte ich nichts von meiner Patientin. Bisher hatte sie sich nach solchen Abstürzen jeweils umgehend gemeldet. Deshalb beunruhigte mich das Ausbleiben einer Nachricht. Doch dann kam endlich das erlösende Mail: sie hatte sich bereits beim Arzt angemeldet und war auch bereit, bei mir vorbeizukommen, um alles Weitere zu besprechen.

Selbst wenn mir die Zeit des Wartens Kummer bereitet hatte, war ich gleichzeitig froh darum gewesen. Ich hatte die nötige Musse und zudem Abstand gewonnen, womit ich mir die ganzen Geschehnisse mehrfach durch den Kopf gehen lassen und sie analysieren konnte. Mir war klar geworden, dass vor allem das innere Tempo meiner Patientin und ihre Ungeduld Ursache für viele Probleme war. Bei Menschen, die bereits früh traumatisiert wurden, begegne ich ausserdem meistens einem ausgeprägten Kontrollanspruch. Dies führt dazu, dass sie dazu neigen, die Meinungen anderer nicht gelten zu lassen, wenn sie den eigenen Glaubensinhalten widersprechen. Das Beharren auf einer ganz bestimmten Sichtweise erzeugt ein Gefühl, das Leben im Griff zu haben. Man weiss, wie alles funktioniert und kann folglich seine Schlüsse aus den entsprechenden Kenntnissen ziehen. Alles ist mehr oder weniger berechenbar. Wehe, wenn jemand das Weltbild zum Wanken bringen will. Ihm droht eine harte Konfrontation.

Das Problem meiner Patientin war u.a. folgendes: sie machte ihre alltäglichen Erfahrungen und wertete diese fortwährend aus. Dabei war ihr Geist sehr wachsam und hoch aktiv. Geriet sie in Situationen, die ihr Misstrauen weckten, schnappte die Falle jeweils zu. Der gestresste Teil in ihr reagierte blitzartig: Ohne die Situation eingehender zu betrachten, wurde das Beobachtete augenblicklich in das bestehende Weltbild eingeordnet. Sofort bestätigte sich, dass hier etwas schief lief. Der traumatisierte Teil fühlte sich bedroht und reagierte mit Kampfstimmung, innerer Flucht oder innerem Zusammenbruch (tiefe Depression). Diese Abläufe spielten sich so blitzartig ab, dass die Frau keine Chance hatte, die scheinbar bedrohliche Situation länger zu betrachten und dann aus einer guten Distanz zu beurteilen. So erlebte sie ihr Dasein ständig in der gleichen Form, nämlich als eine Anhäufung von Situationen, welche alle ihre mutigen Schritte in eine neue Zukunft sabotierten. Natürlich waren ihre Reaktionen entsprechend, womit sie sich nicht unbedingt Freunde schaffte. Ihr Gegenüber konnte nämlich oft nicht nachvollziehen, warum Anna plötzlich ängstlich, eingeschnappt, aggressiv oder in einer anderen problematischen Form reagierte. So blieb meine Patientin in ihrer zurechtgezimmerten Welt kleben. Diese war zwar berechenbar, aber klein und häufig nicht ganz zutreffend.

All dies musste ich ihr bewusst machen. Gleichzeitig galt es aufzuzeigen, dass der Impuls, blitzschnell Situationen zu beurteilen, herausgezögert werden musste. So blieb ihr mehr Zeit, weitere Beobachtungen zu machen und differenzierter zu urteilen. Folglich konnte sie sicherstellen, dass „ihre Welt" den tatsächlichen Gegebenheiten entsprach.

Die vermehrte Öffnung dem Umfeld gegenüber – auch wenn sie bescheiden erscheint und lediglich darin besteht, schwierigere Situationen länger auf sich einwirken zu lassen – ist für traumatisierte Menschen eine erhebliche Herausforderung. Zu gross ist ihre tiefsitzende Angst, ihr Leben könnte bedroht sein. Damit sie nicht zugrunde gehen, müssen sie schneller sein als die mögliche Gefahr. Nur wenn sie den „Gegner" frühzeitig entlarven, können sie sich vor ihm schützen, sei es durch Kampf, Flucht oder totalen inneren Rückzug. Folglich braucht es viel Vertrauen, dass sie diese Überlebensreflexe ausschalten.

Allein die Analyse von Annas Reaktionen auf ihre Traumen war für meine Patientin hilfreich. Diese unterstützte sie dabei, aus den überwältigenden Gefühlen auszutreten und die Situation von aussen zu betrachten. So erkannte sie, dass sie weder abnormal, noch verloren war. Es gab Erklärungen für alles und damit auch Lösungen. Ihr abhanden gekommener Glaube an ein erfüllendes und erfolgreiches Leben konnte sich langsam wieder herstellen. Dies bildete eine Grundlage für die Wiederaufnahme der Therapie.

Weiter musste Anna wissen, wie sie die Selbstheilkräfte ihres Energie- sowie Körpersystems aktivieren und unterstützen konnte. Dafür muss ich ein bisschen ausholen:

Wie schon in Kapitel 10 beschrieben, spalten wir traumatische Ereignisse ab, damit wir nicht mehr mit der Panik der damaligen Situation konfrontiert werden. Solange sich diese verdrängten Lebensinhalte im Untergrund unseres Bewusstseins still halten, merken wir nicht viel von ihnen. Doch wehe, wenn wir durch gewisse Umstände mit ihnen in Berührung kommen (z.B. bei der Aufarbeitung unserer Probleme): die Kraft der traumatischen Energie ist selbst nach vielen Jahren bzw. Jahrzehnten unvermindert gross. Sie reisst uns in den Strudel der zerstörerischen Empfindungen, die zum Zeitpunkt der Traumatisierung aktiv waren. Wir erleben die ganze Panik und Verzweiflung nochmals. Leider ist die Ansicht noch immer weit verbreitet, dass es für das Lösen des Traumas nötig ist,

a) die traumatisierende Ursache zu erkennen. Das führt zu einem weiteren Irrtum, nämlich dass Traumen allein durch das Wissen der entsprechenden Umstände gelöst werden können. Dies ist aber nicht der Fall. Zudem ist es sehr schwierig, etwas über Traumen während der fötalen bzw. Säuglingszeit herauszufinden.

b) durch den inneren Terror hindurch gehen zu müssen, um ihn zu lösen.

Glücklicherweise hat die Natur uns bessere Möglichkeiten zugedacht.

Mittels viel Forschungsarbeit hat *Peter Levine* die Natur der Traumen eingehend studiert. In seinen Büchern und an seinen Kursen vermittelt er die gewonnenen Erkenntnisse allen Interessierten. Ich hatte das Glück, bei dieser erfahrenen Fachperson eine Ausbildung geniessen zu dürfen und besuche nach wie vor regelmässig entsprechende Weiterbildungen. Eindrücklich konnte ich am eigenen Leib erleben, dass Traumen nicht einfach im Hirn, sondern sozusagen in jeder Zelle des Körpers gespeichert sind. Dort müssen die heilenden Kräfte auch wirken können, wenn wir Erleichterung erfahren wollen. In der Folge beschreibe ich die wichtigsten Faktoren einer hilfreichen Intervention:

a) Bevor wir überhaupt an die Verarbeitung denken, müssen wir sicherstellen, dass die traumatisierte Person sich in einer guten Verfassung befindet. Sie sollte also nicht in verwirrenden und destruktiven traumatischen Gefühlen stecken. Vielmehr muss sie eine gesunde Distanz zu den entsprechenden Emotionen haben. Das erlaubt ihr, alles von aussen zu betrachten. Sie schlüpft folglich aus der Rolle der verängstigten und desorientierten Person hinaus und wird zum Beobachter des Geschehens.

b) Nun wird die Person langsam an das traumatisierende Ereignis herangeführt. Sobald sie zu stark in eine innere Erregung gerät, muss sie wieder im Hier und Jetzt verankert werden. Das bedeutet, dass sie nicht wieder in den Sog des Destruktiven gelangen, sondern sich durch die therapeutische Situation gehalten und beschützt fühlen sollte. Dieses Gewahrsein ist sehr wichtig und muss immer wieder hergestellt werden, sobald es durch die traumatischen Energien bedrängt wird.

c) Die traumatischen Ereignisse werden schrittchenweise bearbeitet, also ein Häppchen ums andere. Weniger ist manchmal mehr.

d) Bei jedem Häppchen wird die körperliche Ebene mit einbezogen. Hier befinden sich nämlich Energien, die durch den Schock quasi eingefroren wurden und mit der Panik des damaligen Zustandes eng verknüpft sind. Im Körper äussern sie sich als Druckgefühl, Verkrampfung, Kälte, Hitze oder anderes.

e) Nun machen wir uns die Selbstheilkräfte zunutze. Die Person hält die körperlichen Empfindungen im Visier und wartet einfach ab, wie der Körper mit den gestauten Energien umgeht. Mit grosser Wahrscheinlichkeit verändern sich die Empfindungen. Diese Veränderungen nimmt die Person zur Kenntnis, ohne sie in irgendeiner Form zu bewerten. Sie betrachtet einfach den neuen Zustand und schaut, was der Körper als nächstes macht. Meistens wird sich nach einer gewissen Zeit eine Erleichterung einstellen. Möglicherweise finden Entladungen von Energien statt, die sich durch Zittern, Hitze, Kälte oder anderes äussern können. Am Ende kann bei guter Arbeit eine Entspannung einsetzen. Die Person fühlt sich kräftiger und wohler.

Kurz zusammengefasst könnte man also sagen:

„Trete aus der destruktiven Energie des Traumas aus. Werde zum Beobachter der Phänomene, die sich im Zusammenhang mit diesem

Trauma zeigen. Beobachte die körperlichen sowie die emotionalen Re-
aktionen, wenn das betreffende Trauma aktiviert ist. Lass nun die
Selbstheilkräfte des Energie- und Körpersystems spielen und be-
obachte weiter. Unterbrich die Verläufe nicht mit Versuchen, etwas an
ihnen ändern zu wollen. Bleib unter allen Umständen der Beobachter.
So können sich bedrückende körperliche Empfindungen sowie emotio-
nale Anteile unter guten Bedingungen allmählich zu lösen beginnen.
Mit der Zeit setzt eine Entspannung auf jeder Ebene ein."

Diese Kurzanleitung ist absolut rudimentär und ersetzt niemals eine
therapeutische Massnahme. Am einfachsten lässt sich das System mit
einer gewissen Anzahl Therapiesitzungen bei erfahrenen Therapeutin-
nen lernen. Es gibt aber auch mehrere Bücher von Peter Levine und
anderen Autoren, welche das sogenannte *Somatic Experience* (s.
Glossar) erklären und dem Leser mit vielen Übungen eine gute Idee
geben, wie er mit seinen Einschränkungen ganz praktisch arbeiten
kann. Entsprechende Literaturhinweise sind im Anhang zu finden.

An dieser Stelle ist es mir einfach wichtig, zentrale Grundregeln
der Trauma Arbeit zu vermitteln. Dies geschieht in der Hoffnung, dass
problematische Ansätze von Traumatherapien langsam ihren Reiz ver-
lieren und die Menschen mehr und mehr erkennen, dass in diesem Bereich nicht mit Kraft, sondern mit Achtsamkeit und Geduld gearbeitet
werden sollte. Anstelle eines grossen Durchbruchs sollten wir uns eher
ein langsames Durchdringen der Problembereiche vorstellen. Bei jedem weiteren Schritt fühlen wir uns ein bisschen freier, bis wir
schliesslich den Eindruck haben, unsere Probleme und Einschränkungen hätten sich stark reduziert. An ihre Stelle sind neue Ansätze ge-
rückt, welche bewährtere Formen der Lebensbewältigung beinhalten.
Kurz: es gibt keinen alles durchdringenden Knall und dann bin ich endgültig geheilt und fühle mich total beschwingt und kraftvoll.

In unserer schnelllebigen Zeit ist ein geduldiges Vorgehen eine
Herausforderung. Wer aber Erfolg haben will, darf keine „Instant-The-
rapie" wählen. Diese bietet höchstens vorübergehende Erfahrungen,
entbehrt aber einer wirklich tiefen Lösung des Problems.

Die obenstehenden Prinzipien der Trauma-Arbeit sind sehr vielfältig anwendbar. Um dies aufzuzeigen, möchte ich zwei Beispiele anführen:

Erinnern wir uns an meine panische Reaktion, als ich merkte, dass meine Migräne eskaliert war. Meine Gedanken liefen Amok und ich sah nur noch schwarz. Als erstes musste ich innerlich irgendwie eine Ruhe herstellen. Ich zwang mich, durchzuatmen und den Gedankenfluss zu verlangsamen. Dabei sprach ich mir innerlich gut zu, wie man dies bei einem Kind tun würde: „Hab keine Angst. Swamiji hat dir noch immer eine Lösung aufgezeigt. Wende deine Aufmerksamkeit ihm zu, damit du ihn wahrnehmen kannst. Dann höre auf seine Worte. Auch wenn sie dir unwahrscheinlich vorkommen, lass dir einfach Zeit, sie durchzudenken. Male vielleicht noch ein Bild dazu, damit du besser erkennen kannst ...". Dank meiner jahrelangen Übung gelang es mir relativ schnell, mich aus dem zerstörerischen Strudel herauszubewegen und die Position der Zuschauerin einzunehmen. So konnte ich die ganze Situation sowie meine Reaktion darauf von aussen betrachten. Nun galt es, mich mit dem traumatischen Aspekt zu befassen. Ich stellte mich innerlich der erbarmungslosen Realität, dass ich keinen gangbaren Weg mehr sah. Dabei spürte ich meine grosse Erregung, erlaubte mir aber nicht, in sie hineinzutauchen. Ich blieb am Rand des Geschehens und hielt mit viel Mühe die Spannung meiner niederschmetternden Erkenntnis aus. Gleichzeitig wandte ich mich innerlich mit all meiner Kraft Swamiji zu und bat um Hilfe. Während ich so verharrte, spürte ich, wie es in mir langsam ruhiger wurde. Die Spannung begann sich ein wenig zu lösen. Meine Verbindung zu meinem Lehrer wurde für mich wieder wahrnehmbar, was überaus hilfreich war. Langsam löste sich die schwarze Enge in mir. Es gab Raum, der heller wirkte. Genau dieser Raum ist für mich nötig, damit mir überhaupt neue Visionen zukommen können. Stück für Stück tastete ich mich voran, bis schliesslich erste Ideen auftauchten. Manchmal ist es schwierig, die richtige Distanz zu den traumatischen Energien zu finden. Dann unterbreche ich meistens den Prozess und erledige mit Vorliebe ein bisschen Hausarbeit. Putzen gleicht mich innerlich aus. Manchmal muss ich mich auch mit Wucht aus meinen Gedanken ins Hier und Jetzt manöv-rieren, weil bald ein Patient erscheint. Wie auch immer ich die innere Arbeit unterbreche: häufig finde ich genau in diesen Momenten Lösun-gen. Ganz plötzlich taucht dann aus meinem gewonnenen inneren Raum das Wissen auf, wie ich die Situation angehen könnte. Nicht im-mer ist dies eine Sache von einigen Minuten oder Stunden. Es kann vorkommen, dass ich während mehrerer Tage immer wieder mit der traumatischen Energie in Kontakt treten, die auftauchende Spannung aushalten und den inneren Raum sich entfalten lassen muss. Auch wenn es manchmal viel Geduld braucht: wenn ich nicht locker lasse, finde ich früher oder später immer Antworten auf meine Probleme. Der Prozess kann sehr anstrengend sein, weil mich die traumatischen Ener-gien immer wieder mit Kraft in den Strudel der Erregung reissen wol-len. Es braucht dann einiges an ständigem innerem Aufbau, mich wie-der und wieder in eine Position zu bringen, in der ich ruhig zu bleiben vermag.

Wenden wir uns nun Anna zu und betrachten ihren Weg der Trauma-Arbeit. Auch sie schaffte es schliesslich, dem mörderischen Strudel der traumatischen Energien zu entkommen. Was ihr dabei alles half, weiss ich nicht. Sicher waren es u.a. bereits gemachte ähnliche Erfahrungen. Schliesslich war es nicht das erste Mal, dass in ihr alles zusammen-brach. Als sie sich bei mir meldete, befand sie sich bereits ausserhalb des Strudels. Meine Erklärungen halfen ihr dann, sich in den ganzen Zuständen, durch welche sie sich bewegte, zu orientieren. Indem sie zu verstehen begann, was mit ihr passierte, konnte sie gezielt damit um-gehen. Sie begriff, dass primär Verlangsamung nötig war, um ihre Probleme anzugehen. Zudem sah sie ein, dass ganz besonders ihre Wahrnehmung vom erhöhten Tempo betroffen war und ihr Streiche spielte. Somit hatte sie eine klare Idee, wo sie mit ihrer Arbeit an sich selbst ansetzen konnte. Es galt, Spannung auszuhalten, wenn die Ge-schwindigkeit herabgesetzt werden musste. Sie war im Prinzip ständig genötigt, gegen den inneren Drang zu kämpfen, durch das Leben zu rennen. Das war eine fortwährende Aufmerksamkeits-Übung, die eini-ges an Energie kostete. Zudem musste sie ihren Mitmenschen mehr

Kredit geben, wenn sie in einer Weise agierten, die sie nicht auf Anhieb verstand. Das war nicht einfach, denn der kritische Geist neigte zu schnellem Urteil und liess sich nur ungern in seine Grenzen verweisen. All dies kostete wiederum Kraft, mussten doch eingefleischte Reflexe kontrolliert werden. Doch Anna war zäh: sie liess sich nicht so leicht unterkriegen. Mit ihrem Willen vermochte sie wahrlich fast Berge zu versetzen. Indem sie nun verstand und die Spannungen zuliess, konnten die heilenden Kräfte ihre Arbeit tun. Positive Erfahrungen vertieften wiederum ihr Verständnis. Damit fand Anna auch bessere Strategien, mit Spannungen umzugehen, welche durch gezielte Verlangsamungen auftraten.

Manchmal staune ich, wie segensreich nur schon das Wissen rund um Traumen sein kann. In dieser Hinsicht haben wir Peter Levine sehr viel zu verdanken. Die Ausbildung bei ihm revolutionierte sozusagen meine Therapie. Mir ist inzwischen klar, dass ein Verständnis über Traumatologie grundlegend sein dürfte, um menschliche Probleme zu begreifen und zu lösen. Vielleicht ist diese Aussage übertrieben, doch im Moment ist sie für mich sehr zutreffend.

Meines Erachtens helfen uns diese Ansätze, uns über das Tierische in uns zu erheben. Das bedeutet, dass wir mit unseren Überlebensmechanismen bewusst umgehen und unser menschliches Gut ausschöpfen können: *Wir wären folglich nachdenkende und frei entscheidende Geschöpfe.*

13 Mein Menschsein

Ich sitze gerade bei einem Kaffee in der Migros und zermartere mir mein Hirn, wie ich dieses Kapitel beginnen könnte. Dabei beobachte ich allerlei Geschöpfe der Gattung Homo sapiens sapiens. Ein stattliches männliches Exemplar zieht unwillkürlich meine Aufmerksamkeit auf sich. Es hat sich eben zwei Tassen Kaffee geholt und leert in jede ein Schälchen Kaffeerahm. Die beiden leeren Kübelchen entsorgt es vorbildlich – oha: leider in den Kübel für PET.

Ich möchte den armen Kerl nicht an den Pranger stellen. Wahrscheinlich müsste ich nicht lange bei den Abfalleimern im Restaurant stehen, um zu studieren, wie sehr wir Menschen unsere Geschenke des Nachdenken-Könnens und der freien Entscheidung nutzen. Immerhin funktionierte bei besagtem Herrn der Automatismus „Abfall in Kübel werfen", was in der heutigen Zeit nicht mehr selbstverständlich ist. Sind höhere geistige Funktionen gefragt, die eine gewisse Differenzierung erfordern, wird es leider etwas problematischer. Die Angestellten der Migros, die für mich schon wie eine liebe Familie sind, haben mir einige Müsterchen erzählt.

Wie dem auch sei: nichts desto trotz betrachten wir uns alle als würdige Exemplare der Gattung Mensch. Dabei schliesse ich mich natürlich nicht aus.

Doch manchmal schleichen sich ganz leise gewisse Zweifel ein. Wie weise benütze ich die Geschenke des Nachdenken-Könnens und der freien Entscheidung? Würde ich einen universellen Test bestehen, der misst, wieviel von unserem Verhalten „menschlich" ist? In gewissen Bereichen bekäme ich vielleicht anständige Noten. Es gibt aber auch Bereiche, da verstricke ich mich erbärmlich in meine Überlebensmechanismen.

Wenn es beispielsweise um Strukturen beim Essen und bei der Zeiteinteilung geht, verstehe ich meine eigene Logik nicht mehr. Ich merke einfach, dass Kräfte wirksam sind, die ich nicht mehr ohne weiteres lenken kann. Sie sind so stark, dass sie mein inneres Gleichgewicht in einem bedenklichen Ausmass in Schieflage bringen können, wenn ich mich überschätze und gewisse Zwänge zu verändern versuche. Auf einige der Gründe bin ich bereits eingegangen. U.a. dürften unglückliche Umstände während der Zeugung und der Geburt ihre Spuren hinterlassen haben. Eine ungenügende Ernährung in den ersten Lebenstagen hat wohl der Essstörung noch zusätzlich Boden gegeben. Wie dem auch sei: bereits sehr früh lernte ich offensichtlich, mich vor unwirtlichen Lebensumständen zu schützen.

Ein wichtiges Muster, das ganz tief in mir sitzt, ist der Irrtum, nicht wirklich willkommen zu sein. Etwas in mir stellt sich im Grunde genommen noch immer die Frage, ob ich sein darf oder nicht. Dieses Missverständnis entstand wahrscheinlich bereits bei meiner Zeugung. Wie bereits in Kapitel 6 beschrieben, hätte meine Mutter nicht so schnell nach der Geburt meiner Schwester wieder schwanger werden sollen und verhütete. Doch offensichtlich wollte ich genau zu diesem Zeitpunkt in diese Familie hinein inkarnieren und setzte mich durch. Folglich nahm ich wohl auch bewusst den Preis in Kauf, den es mich kostete: mich nicht vollumfänglich willkommen zu fühlen. Hier muss ich aber gleich anmerken, dass sich meine Eltern nach dem ersten Überraschungseffekt sehr auf mich freuten. Und doch nagte es hartnäckig weiter in mir: wäre es nicht besser, wenn es mich in dieser Form als Susanna nicht gäbe?

An dieser Stelle muss ich noch einmal auf Kapitel 5 zurückkommen. Hier schilderte ich meine Probleme mit meinen Füssen. Bereits dreimal brach ich sie mir vor einem Event mit Swamiji, und zwar immer an der gleichen Stelle. Einmal war es der rechte Fuss, zweimal der linke. Ich begriff den eigentlichen Grund nie wirklich. Aber – wie ich es schon beschrieben habe – gebe ich bei der Arbeit mit Traumen und den sich daraus ergebenden Fragen nicht so schnell auf: ich nehme sie immer mal wieder ins Visier und höre nach innen, ob sich mittlerweile eine Antwort zeigt. Und siehe da: eines Tages sah ich den Grund für die Brüche deutlich vor meinem inneren Auge: Hier ging es ganz schlicht und einfach um meine Existenzfrage. Ich musste endlich eine Antwort finden, ob ich als Susanna auf der Erde sein sollte oder nicht. Meine Unsicherheit rund um dieses Thema musste in grosser Tiefe bearbeitet werden. Es verursachte nämlich viele Schwierigkeiten in diesem Leben. U.a. war es verantwortlich für meine Todesängste im Kindes- und jungen Erwachsenenalter, die ich in den vorangehenden Büchern beschrieben habe. Gleichzeitig lieferte es aber auch den Nährboden für meine Magersucht und ganz allgemein meine problematische Beziehung zu meiner Körperlichkeit. Diese wiederum bescherte mir sehr viele gesundheitliche Erschwernisse. Ich war also an einem höchst zentralen Punkt bei meiner inneren Arbeit angelangt.

Wie ich dies bereits im letzten Kapitel beschrieben habe, nützt es uns nicht viel, die Gründe für gewisse Probleme zu kennen. Damit lösen sich diese leider nicht auf. Traumatische Aspekte sind zu tief in uns eingegraben. Nur, wenn die Heilarbeit diese teilweise schwer zugänglichen Schichten erreicht, kann es zu einer effektiven Verbesserung kommen. So kam auch ich nicht darum herum, mir vom Leben Lektionen bescheren zu lassen, die mich heftig durchschüttelten. Doch davon im nächsten Kapitel.

14 Finanzielle Schieflage

Sich sicher zu fühlen, ist eines der wichtigsten Grundbedürfnisse von Lebewesen. Wir Menschen haben zu diesem Zweck ganze Systeme errichtet. Jegliche Kriegsausrüstung inklusive modernster Techniken und ausgefeiltester Spionageformen gehören dazu. Bei uns in der Schweiz treibt das Bedürfnis nach Sicherheit insofern Blüten, als dass es wahrscheinlich kein anderes Land gibt, in dem man sich für so viele verschiedene Ereignisse versichern lassen kann. Ich denke, wir sind ein Völklein mit einem guten Sinn für den Erhalt unseres Lebensstandards. Allerdings dürfte die heutige Zeit uns langsam die Augen dafür öffnen, dass es die absolute Sicherheit, an die wir gerne glaubten, nicht gibt. Dies bereitet manchem Bürger ziemlich Bauchweh, womit Angsterkrankungen um sich greifen.

Trotz meiner spirituellen Ausrichtung liebe auch ich die Idee, mich mit meiner Körperlichkeit in Sicherheit zu befinden. Zudem misshagt mir die Vorstellung, meinen Komfort einschränken zu müssen. Somit dürfte ich in dieser Hinsicht eine durchschnittliche Schweizerin sein.

Wenn es darum geht, sich ein Leben mit einem gewissen materiellen Standard aufzubauen, ist die Begabung der Bürger aller Länder sehr unterschiedlich. Während es die einen zu Reichtum bringen, verbleiben die meisten im Mittelmass. Viele landen leider in der Armut. Zu diesem Phänomen gibt es viele Studien. Diese weisen darauf hin, dass nicht nur glückliche oder eben unglückliche Umstände für Erfolg bzw. Misserfolg verantwortlich sind. Hier spielen auch andere Faktoren eine Rolle, u.a. von den Eltern übernommene Verhaltensmuster, aber auch weitere Komponenten der Persönlichkeitsstruktur. Wie schnell man sich selbst in eine unbequeme Situation manövrieren kann, erlebte ich am eigenen Leib.

Leider bin ich manchmal viel zu weichherzig. Wenn Menschen in missliche Situationen geraten, möchte ich ihnen helfen. Falls es um finanzielle Angelegenheiten geht, bin ich auch bereit, meinen Geldbeutel zu öffnen. Dabei brachte ich mich schon mehrfach in ungemütliche

Situationen. Ich erkannte jeweils zu spät, dass ich Verpflichtungen einging, die mich schlussendlich mehr kosteten, als mir lieb war. Zudem brachte nicht jede Investition den gewünschten Erfolg. Im Nachhinein muss ich sagen, dass ich teilweise mein Geld liederlich verwaltete. Doch irgendwie hatte ich immer das Glück, dass ich höchstens mit einem blauen Auge davonkam.

Kürzlich war es wieder einmal so weit. Ich lieh einer Frau Geld. Dabei sicherte ich mich mit einem kleinen Vertrag ab. Allerdings durchleuchtete ich die Situation viel zu wenig genau, denn sonst wäre mir von Anfang an klar gewesen, dass es Probleme geben würde. Leider blieb es nicht bei einer einmaligen Summe, sondern ich gewährte mehrere Kredite. Bald brauchte ich aber selbst ausserordentlich viel Bargeld, um die Sanierung meines zugekauften Hauses bezahlen zu können. Zudem hatte ich mein Arbeitspensum reduziert, verdiente also nicht mehr so viel. Plötzlich wurde mir bewusst, dass die lang versprochenen Rückzahlungen dringend wurden, wenn ich nicht in einen finanziellen Engpass kommen wollte. Doch dann kam der Hammer: unglückliche Umstände führten dazu, dass sich eine Begleichung der Schulden stark hinauszögern würde. Zudem musste ich einen Teil des Geldes abschreiben. Ich war völlig perplex. Mein Hirn ratterte und rechnete und ich schwitzte. Es war nicht zu fassen: wie hatte ich nur so blöd sein können, mich in eine solche Situation zu manövrieren? Weshalb nur konnte ich so schwer nein sagen? Es war unfassbar! Ich glaube, es war das erste Mal in meinem Leben, dass ich mir echte finanzielle Sorgen machen musste. Ich schämte mich, dass ich es soweit hatte kommen lassen. Zudem fühlte ich mich in meiner Existenz bedroht. Tagelang beherrschte mich dieses Thema und ich rechnete laufend meine Finanzen durch. Doch Not macht auch erfinderisch. Ich erinnerte mich plötzlich daran, wo ich noch Geld deponiert hatte, das ich zur Finanzierung der Haussanierung benützen konnte. Dies erleichterte mein Budget erheblich. Und siehe da: ich befand mich bereits wieder im grünen Bereich. Dennoch war die Sache noch längst nicht ausgestanden.

Obschon das Ganze wie ein Schock auf mich wirkte, blieb ich erstaunlicherweise nach der Erkenntnis des Unfassbaren sehr ruhig und bei absolut klarem Geist: ich konnte meine Situation treffend einschätzen und erste Lösungen für mich und die in finanzielle Schieflage geratene Frau erarbeiten. Erst nachträglich überkam mich eine grosse Wut, die aber recht schnell abflaute. Hinterher stellte sich die grosse Frage, ob ich effektiv so dumm gewesen war, einen Fehler so oft zu wiederholen, dass mir das Schicksal einen solchen Denkzettel verpassen musste. Oder ging es hier um etwas anderes?

Erst einige Wochen später, nachdem es mich heftig durchgeschüttelt hatte, fiel es mir plötzlich wie Schuppen von den Augen: Hier ging es um nichts anderes als um mein *Existenz-Problem*. In aller Deutlichkeit wurde mir folgendes aufgezeigt: ich legte die Frage nach meiner Existenzberechtigung in die Hände anderer Leute und erwartete quasi von ihnen, dass sie diese für mich lösten. Dummerweise waren diese Leute in der Regel nicht dazu fähig. Im aktuellen Fall hatte ich blauäugig Geld ausgeliehen und so meine finanzielle Existenz in die Hände einer Frau gelegt. Dass sie bis zum Hals im Sumpf steckte, merkte ich zu spät. Doch offensichtlich musste es so sein, denn nur dank dieser extremen Situation sah ich, was ich mit mir selbst anstellte. Erschüttert erkannte ich: *ICH SELBST* MUSSTE ENDLICH EINE ANTWORT FÜR MEIN EXISTENZPROBLEM FINDEN.

Mir wurde klar: niemand kann mir meine Existenz geben oder nehmen. Ich bin und werde immer sein. Die Frage ist nur: wann beginne ich das einzusehen? Wann versöhne ich mich mit der Tatsache, dass die Entstehung meiner Körperlichkeit zwar Turbulenzen erzeugt, diese aber mein Leben nie wirklich bedroht haben? Solange ich zudem in dieser Form als Susanna auf der Erde wandle, ist meine Existenz hier eine gegebene Realität. Wenn ich mir selbst das Gegenteil beweisen will und mir das Lebendige entziehe, weil ich nicht an meine Lebensberechtigung glaube, mache ich mich lediglich krank. Und so entschied ich mich in diesem Augenblick sehr klar für mich selbst: *NACHDEM ICH NUN SCHON MAL HIER AUF DER ERDE BIN, SAGE ICH AB SOFORT JA ZU MEINEM LEBEN.*

Plötzlich konnte ich wieder schmunzeln: ich wusste, dieser Schritt war entscheidend für meine Heilung auf allen Ebenen, und dafür hätte ich wohl ohnehin keine Ausgaben gescheut. Na ja: die „Therapie" hatte mich nun einen gewissen Betrag gekostet. Aber wenn ich es aus diesem Blickwinkel betrachtete, kam er mir sogar bescheiden vor. Immerhin musste ich folgendes bedenken:

Solange ich mit meiner Körperlichkeit nicht in Frieden bin, werde für keines meiner Leiden längerfristig eine befriedigende Lösung finden. Dann muss ich ein Leben akzeptieren, das ständig von Krankheit dominiert und durcheinander gebracht wird. Nur ein uneingeschränktes JA zu meiner jetzigen Form als Susanna kann zu neuen Ansätzen führen, die mir endlich neue Perspektiven ermöglichen.

Obschon mir das Schicksal eine deftige Lektion erteilt hatte, liess es mich schlussendlich nicht im Stich. Ich erhielt noch einiges an Geld zurück. Somit war die Sanierung meines Hauses gesichert, ebenso meine geplante Reise nach Indien und alles andere auch.

Einmal mehr war ich mit einem blauen Auge davon gekommen. Und plötzlich dämmerte mir eine ganz neue Erkenntnis:

Das Leben ist nicht dein Feind. Wenn du es verstehen lernst, ist es in jedem Augenblick deines Seins dein Freund.

Perplex horchte ich nach innen. Diese Botschaft musste ich erst einmal verdauen. Dafür liess ich mir Zeit, und zwar so lange, bis plötzlich das folgende Kapitel vor meinem inneren Auge auftauchte.

15 Das Leben – dein Freund

Das Leben – dein Freund. Diese Überschrift war unvermittelt in meinem Kopf, ebenso der Rest dieses Kapitels. Dass ausgerechnet ich diese vier Worte hier formuliere, hätte ich vor noch nicht langer Zeit als eine Lüge vor mir selbst empfunden. Das Leben als Freund zu betrachten, fiel mir eher schwer. Ich war schon froh, wenn ich es einfach akzeptieren konnte. Folglich musste ich mir selbst einmal Zeit einräumen, meinen eigenen Gesinnungswandel zu analysieren. Woher kam er? Konnte ich ihn wirklich ernst nehmen oder entsprach er einer vorübergehenden Laune? Falls er beständig sein sollte: was bedeutete er genau? *Konnte das Leben wirklich und tatsächlich als Freund betrachtet werden?*

Im Grunde genommen ist *Leben* eine Kraft. Diese ist einfach neutral. Auch Elektrizität ist eine Kraft, welche neutral ist. Wir können sie in der Folge für allerlei nützliche Dinge einsetzen, beispielsweise zum Kochen, Staubsaugen, für das Betreiben unserer Computer und vieles mehr. Allerdings ist ein falscher Einsatz von Strom problematisch, kann Häuser in Brand setzen und sogar Menschenleben kosten. Doch ist die Elektrizität deswegen schlecht? Wir müssen einzig unseren Umgang mit dieser Energie überprüfen.

Dasselbe gilt für das Leben. Spielt es mir übel mit, stellt sich die Frage, weshalb dem so ist. Leider liegen die Antworten oft nicht so offen vor uns auf dem Tisch, was Spekulationen und Fehlinterpretationen Tür und Tor öffnet. Wie schnell dies gehen kann, möchte ich anhand der Geschichte einer Patientin aufzeigen.

Barbara kommt schon länger zu mir in die Therapie. Sie litt an starken Rückenproblemen, welche sie teilweise nicht schlafen liessen. Mit viel Geduld und unter Einbezug weiterer Massnahmen (z.B. neue Matratze, Massage) gelang es uns mit der Zeit, eine bessere Situation herzustellen. In der Folge arbeiteten wir in loser Form weiter, um den erfreulichen Zustand zu erhalten. Dabei begannen wir, auch ihren Stress unter die Lupe zu nehmen und fanden jeweils gute Wege. Barbaras Leben schien auf soliden Füssen zu stehen.

Doch dann überbrachte mir Barbara eines Tages die Hiobsbotschaft: Brustkrebs. Ich schluckte leer. Dieser Befund kam für mich überraschend. Wie war er einzuordnen? Ich musste ihre Geschichte neu aufrollen und siehe da, ich wurde fündig: die Frau hatte 5 Fehlgeburten und eine Eileiterschwangerschaft hinter sich. Man stelle sich dies vor: sechsmal keimten Freude und Hoffnung auf, ebenso oft wurde der jungen Frau eine Zukunftsvision zerschlagen, bis diese endgültig in Scherben lag. So gut es ging akzeptierte Barbara die traurige Realität und richtete sich ein entsprechendes Leben ein. Wirklich verarbeitet hatte sie die Geschichte aber nicht. Jetzt schien das Leben gnadenlos den Finger auf diesen Punkt zu legen und zu sagen: was willst du mit deiner Weiblichkeit anfangen? Wie willst du sie leben? Hast du darüber nachgedacht?

Zur Zeit von Barbaras Fehlgeburten kannten wir uns noch nicht. Sie hatte eigene Wege finden müssen, damit umzugehen. Da sie ein grundsätzlich positiver Mensch ist, liess sie sich durch ihr Schicksal nicht brechen. Sie hätte hadern und in Betrübnis verfallen können. Dies war aber nicht ihre Art. Mutig kämpfte sie sich immer wieder ins Leben zurück, rief sich die positiven Aspekte in Erinnerung und baute dort weiter. Sie hörte nie auf, an sich und Gott zu glauben.

Leider entwickelt sich in solchen Situationen oft eine Angst vor dem Leben: Plötzlich wirkt alles bedrohlich. Man weiss ja nie, wann einem etwas lieb Gewonnenes einfach weggenommen wird. Man muss sich täglich in Acht nehmen und auf der Hut sein.

Doch nicht nur das eigene Menschsein ist von einer solchen Krise betroffen. Häufig folgt nämlich gleich darauf die Frage, wie man dieses Schicksal mit Gott in Einklang bringen kann. Viele scheitern an einer der beiden folgenden Varianten:

- Gott hat immer wie ein liebender Vater/eine liebende Mutter über dem Leben gewacht. Nun stellen sich plötzlich viele Fragen. Weshalb lässt er zum Bespiel so viel Unglück zu, selbst wenn man ein ordentliches Leben gelebt hat? Schaut man sich die Welt und die Ungerechtigkeiten darin genauer an, kommt man aus dem Fragen nicht mehr heraus. Antworten sind schwer zu finden.

- Für viele Menschen ist Gott vollkommene Liebe sowie eine Kraft, welche in allem Lebendigen fliesst. Sie bildet demnach die Grundlage allen Lebens. Nun entsteht ein Dilemma: wenn Gott Teil allen Lebens ist, dann muss er auch Teil meines eigenen Lebens sein. Nachdem ich mein Leben als schlecht empfinde und böse darauf bin, bin ich gezwungenermassen auch böse auf Gott und muss anerkennen, dass er offensichtlich nicht vollkommene Liebe ist. Er scheint sogar einen gemeinen Zug zu haben. Wie soll ich einem solchen Gott vertrauen können?

Verwirft man sich mit seinem Leben, ist die Gefahr also gross, dass Probleme mit Gott entstehen. Vielleicht sind sie einem nicht so bewusst, denn auf rationaler Ebene kann man alles schönreden. Aber rein gefühlsmässig muss man sich irgendwann eingestehen, dass man in rein gar nichts vertraut, auch nicht in Gott.

Hierzu ein kleines Beispiel: ich hatte einmal eine Patientin, welche eine sehr gläubige Katholikin war. Als sie zu mir kam, spielte ihr das Leben übel mit. U.a. befand sie sich in einem schlimmen Burnout. Ihre wirtschaftliche Existenz war ernsthaft bedroht. Das bereitete ihr schlaflose Nächte und sie wusste weder ein noch aus. Für mich gibt es in solch tiefen Krisen nur noch eins: Swamiji. Hier suche und finde ich meinen inneren Halt. Folglich forderte ich die Patientin auf, das wertvolle Gut ihrer Religiosität zu nutzen. Kleinlaut musste sie nach einiger Zeit eingestehen, dass ihre Gefühle zu Gott offensichtlich nicht wirklich tragend sind. Im Kopf wusste sie über alles Bescheid, was ihr Glaube beinhaltete. Aber das Herz war nicht geschult worden. Sie zerbrach förmlich an der Last des Lebens. Es fiel ihr unglaublich schwer, nicht von den negativen Aspekten ihres Daseins verschlungen zu werden.

Kehren wir zu Barbara zurück. Sie hatte sich nicht brechen lassen. In ihrem Herzen war sie überzeugt, dass auch ein kinderloses Leben Sinn ergeben konnte. Also machte sie das Beste daraus und kümmerte sich u.a. um Menschen, die mit ihren eigenen Problemen nicht klar kamen. Dennoch ist es erlaubt zu fragen, weshalb die Frau eine solche Krise durchmachen musste. Waren alte Fehler zu begleichen? Spielte hier das Karma übel mit?

Bereits bei den Fragen wird klar, dass wir häufig dazu neigen, die negativen Aspekte ins Zentrum zu stellen. Es scheint, dass wir bei Schicksalsschlägen automatisch nachzudenken beginnen, was FALSCH läuft. Natürlich ist es wichtig, allfällige Fehler aufzudecken. Allerdings ist es ungünstig, wenn wir dort kleben bleiben. Man könnte sich nämlich ebenso gut folgendes überlegen: weist mich das Leben vielleicht darauf hin, dass auf mich ein anderer Weg wartet? Habe ich mir möglicherweise ganz andere Ziele gesetzt als ich gedacht habe? Würde ich ein weitaus grösseres Glück erleben, wenn ich eine neue Richtung einschlagen würde?

Bei Barbara war der Zeitpunkt gekommen, sich diese Frage genauer anzuschauen. Die Erfüllung ihres Frauseins als Mutter war ihr versagt geblieben. Welche Möglichkeit gab es jetzt überhaupt noch, ihre Weiblichkeit als Gut zu erleben und damit etwas Segensreiches aufzubauen? Bald tauchte eine Lösung auf: Barbara sollte sich mit den Qualitäten des Mutterseins in einer erweiterten Form auseinandersetzen: Sie sollte sich als Mutter für viele Menschen verstehen, die bei ihr Hilfe suchten. Hier hatte sie ein Potential, das es noch auszuschöpfen galt. Dafür musste sie keine Therapeutin werden. Alleine ihre Fähigkeiten, andere Menschen in ihrem Sein anzunehmen, ihnen zuzuhören, ihnen ein Gefühl des Willkommenseins zu vermitteln und vieles mehr würde heilend wirken. Was genau die Zukunft bringen und wie genau Barbara ihre mütterlichen Qualitäten einsetzen würde, konnten wir zu diesem Zeitpunkt noch nicht sagen. Doch wir wussten: hier galt es zu forschen und Potential freizuschaufeln. Dass dieser Punkt gerade jetzt in ihr Leben trat, war wohl auch nicht zufällig. Sie befand sich in einem Alter, in dem normalerweise eine vertiefte Sinnessuche die Menschen umzutreiben beginnt.

Betrachten wir die Geschichte von Barbara, drängt sich die Frage erneut auf: ist das Leben nun ihr Freund oder ihr Feind? Zeitweise wirkte es sehr feindlich. Aber im Nachhinein muss man sich eingestehen, dass es einfach eine Botschaft schickte und eine Situation schaffte, welche Barbara ermöglichte, jetzt Schritte in eine erfüllende Zukunft zu wagen. Sie kann dadurch in spirituelle Bereiche vordringen, die ihr sonst wahrscheinlich verschlossen geblieben wären. Dies wiederum erlaubte ihr, mit sich selbst in einen Einklang zu kommen, selbst wenn noch viele Fragen offen sind. Also Freund oder Feind?

Manchmal braucht es Mut, das Leben als Freund zu betrachten. Bei Misserfolg sind wir sehr geneigt, uns so zu benehmen, als hätte uns der liebe Gott persönlich eine Ohrfeige verpasst. Doch hat er das wirklich? Oder hat er uns nur etwas mitzuteilen versucht?

Wenn es mir persönlich gelingt, die Opferrolle zu verlassen und mich mutig dem Leben zu stellen, empfinde ich oft einen inneren Frieden und eine Gelassenheit. Dies erlaubt mir jeweils, Geschehnisse viel neutraler zu beurteilen und den „strafenden Charakter des Lebens und/oder von Gott" als Illusion zu erkennen. Es gibt in diesem Sinn keine Strafen. Diese sind Erfindungen von uns Menschen. Es gibt nur „Hinweisschilder". Wenn wir sie richtig „lesen", finden wir in unserem Leben das Glück, nach dem wir suchen.

Kehren wir nun zu meiner eigenen Situation zurück. Wie aus den letzten Kapiteln ersichtlich wurde, gab es immer wieder Strecken in meinem Leben, wo ich die Zusammenhänge nicht verstand. Ich wusste einfach, dass ich gangbare Wege finden musste. Dabei liess ich mich so gut wie möglich führen. Zeitweise war ich zuversichtlich. Immer wieder gab es aber Phasen, in denen mich die nackte Angst packte. Auch wenn ich mich manchmal des Lebens müde fühlte, wusste ich, dass Aufgeben keine Option war. Wenn ich nur noch Sackgassen sah, blieb mir zumindest der Alltag: Ich stand am Morgen auf, machte meine Arbeit, klammerte mich an Swamiji und hielt mich eisern an meiner Erfahrung fest, dass es bis jetzt immer eine Lösung gegeben hatte. Ich empfand das Leben nicht als Freund, aber auch nicht unbedingt als Feind. Es war eher ein notwendiges Übel.

Doch nun spüre ich, dass sich etwas verändert hat. Das Leben hatte mir zwar viele deftige Hinweisschilder vor die Füsse stellen müssen, aber ich glaube, nun habe ich endlich etwas Wichtiges begriffen: ich konnte meine Ängste durchschauen und *Ja* sagen zu meinem Hiersein als Susanna.

Plötzlich verstand ich: grosse Hinweisschilder sind nur nötig, wenn wir die kleinen übersehen. Dies geschieht dann, wenn wir unaufmerksam sind bzw. unser Ego (genährt durch Wünsche, Abneigungen, Ängste etc.) die tiefere Seelenstimme zu überschreien vermag. Wir sind dann häufig orientierungslos oder klammern uns an überlieferte Werte. Wenn wir uns aber treu bleiben und achtsam mit unserem Alltag umgehen, erkennen wir fortwährend, welcher Weg für uns der günstigste ist.

Hielt ich mich an diese Regeln, konnte mir das Leben beweisen, dass es nicht im Sinn hatte, mich zu verletzen. Es wollte mich nur dorthin führen, wo ich letztlich ja selbst hin wollte: zu meinem inneren Frieden. Je stärker mein Wunsch in dieser Beziehung war, umso mehr schickte mir das Leben die entsprechenden Wegweiser. Wie sollte ich also etwas als schlecht empfinden, das ich selbst erschuf? Es gab nur eine einzige Lösung:

Den Wegweiser richtig zu lesen und danke zu sagen.

Anhang

A. Glossar

Ashram

Klosterähnliches Meditationszentrum. Der spirituelle Leiter und Führer eines Ashrams ist der Guru, also ein spiritueller Lehrer. Daneben gibt es noch andere Verantwortliche wie Yogis und Priester, die verschiedene Funktionen erfüllen (Rituale durchführen, Bhajans singen, Vorträge halten etc.).

Navaratri

Am Navaratri feiern die Hindus den weiblichen Aspekt des Göttlichen – die göttliche Mutter – und bitten um Schutz, Wohlstand und spirituelle Transformation.

Somatic Experience

Somatic Experience bezeichnet ein umfangreiches Konzept über Traumen und ihre Therapie, welches von *Peter Levine* entwickelt wurde.

B. Sri Ganapathi Sachchidananda Swamiji

Auszug aus der Internetseite *www.dyc.ch*

„Sri Swamiji wurde am 26. Mai 1942 in Südindien geboren und fiel schon als Kind durch seine besonderen Begabungen auf. Als Junge veranstaltete er Treffen mit seinen Schulfreunden und hielt diese an, mit ihm Lieder zur Preisung Gottes zu singen, sogenannte Bhajans.

Sein Lehrer, respektive seine Lehrerin war seine eigene Mutter, selbst eine geistig überdurchschnittlich begabte Frau. Sie ihrerseits hatte zwei Lehrer: einen Yogi der hinduistischen Tradition, … und einen muslimischen Fakir. Sie vermittelte ihrem Sohn die wesentlichen Erkenntnisse und bereitete ihn auf seine große Lebensaufgabe vor. Sie starb, als der Junge gerade erst elf Jahre alt war.

Nach langen Wanderjahren, Aufenthalten bei Verwandten und Begegnungen mit weiteren Lehrern gründete Sri Swamiji 1966 den Ashram in Mysore. Damals noch eine Wildnis, wurde daraus über die Jahre hinweg ein großes Zentrum mit Tempeln und Bauten von beachtlichem architektonischem und künstlerischem Wert.

Mit unermüdlichem Einsatz ist es Sri Swamiji gelungen, innerhalb von ca. 30 Jahren einen sehr gepflegten Ort der Einkehr und des Friedens 'aus dem Nichts' zu erschaffen. Gleichzeitig hat er viele soziale Werke ins Leben gerufen, allen voran das gemeinnützige Spital im Ashram selbst, Primar- und Sekundar-Schulen für mittellose Kinder in der Stadt Mysore, Heime für benachteiligte Frauen und für Behinderte in anderen Gebieten Indiens.

Sein Wirken hat sich auf das ganze Land Indien und über die Kontinente hinweg erstreckt. Entsprechend sind unter seiner Führung weltweit Zentren entstanden, die die spirituellen und sozialen Aktivitäten gemäß seiner Lehre unterstützen.“

„Sri Swamiji ist im Westen durch seine Musik, Seminare und Lehrtätigkeit bekannt. In Indien wird er als großer Yogi und Meister verehrt, der die alte vedische Tradition pflegt und täglich praktiziert. Als Hindu aufgewachsen, befolgt er die religiösen Disziplinen seines kulturellen Umfeldes, lehrt jedoch, dass es viele Wege gibt, um das Heil zu erlangen und respektiert alle Religionen und Menschen der verschiedenen Glaubensrichtungen gleichsam. Sri Swamiji vermittelt einen wesentlichen Teil seiner Botschaft durch seine Musik, aber auch durch Kurse und Seminare, wie Kriya-Yoga und Vedanta (den 'Advaita-Vedanta' = die philosophische Lehre der 'Nicht-Zweiheit'). Er ermutigt die Menschen, ihre eigene Tradition zu schätzen und sich gleichzeitig auf die wesentlichen Werte im Leben zu besinnen. Er strahlt die wohltuende Ruhe und von Mitgefühl getragene Kraft eines erleuchteten Meisters aus, der im Zustand vollkommenen Bewusstseins ist."

Sri Swamiji sagt über sich selbst:
Swamiji ist wie ein Stock, mit dessen Hilfe ihr einen Berg erklimmen könnt. Wenn ihr oben angelangt seid, vergesst nicht, den Stock hinunter zu werfen, für die anderen, die unten warten.

C. Es braucht nur ein Ja

Eine Weihnachtsgeschichte von Susanna Sarasin

Hier sass er nun also, im Knast. Das hatte er wahrlich nicht gesucht. Oder etwa doch? Irgendwie war er sogar froh gewesen, als die Falle zugeschnappt und er abgeführt worden war. Er hatte Mist gebaut, hatte das Schicksal herausgefordert, das war ihm bewusst. Und jetzt hatte er den Schlamassel: täglich sah er sich mit Grenzen konfrontiert, die er sich nicht selbst hatte setzen können. Oder vielleicht nicht wollen? Die Mauern der Zelle engten ihn ein. Aber irgendwie wirkten sie auch tröstlich. Ärgerlich schüttelte er den Kopf: Seit wann war er denn sentimental?

Begonnen hatte es schon vor Jahren. Mit viel Einsatz hatte er sich als junger Mann von der Basis in die oberen Etagen hochgearbeitet. Dann, eines Tages, war die Verlockung da gewesen: es war so leicht, ein kleines Bisschen Geld abzuzweigen. Wem tat dies schon weh? Bei diesen hohen Beträgen, mit denen er täglich arbeitete, waren es wirklich nur winzige Summen. Weil alles so einfach ging, wurde er mit der Zeit dreister. Seine Ansprüche begannen zu wachsen, sein neuer Lebensstil war kostspielig. Im Grunde genommen wäre alles nicht nötig gewesen. Wenn er ehrlich sein wollte, hatte er alles, was er sich einmal erträumt hatte: eine liebe Frau, drei reizende Kinder, auf die er echt stolz war, und ein hübsches Häuschen mit Garten.

Verglich er mit dem Standard, den er als Kind genossen hatte, war es paradiesisch. Doch diese Extras – kleine Jacht im Ausland, eine luxuriöse Wohnung hier, ein kleines Ferienhäuschen dort, überall Frauen, die ihn anhimmelten – das alles gab ihm das Gefühl, wichtig und weltmännisch zu sein. Seine Grosszügigkeit verlieh ihm eine Aura der Wohltätigkeit, die ihm schmeichelte. Es war gar nicht einfach gewesen, dies alles zu verheimlichen. Seine Familie hatte schlussendlich akzeptiert, dass er beruflich einfach häufig unterwegs war.

Tja, nun war der ganze Schwindel aufgeflogen. Er sah noch immer die grossen und ungläubig blickenden Augen seiner Frau, als sie ihn holen kamen. Die Kinder taten ihm leid, sie wirkten völlig verschreckt. Sie konnten ja noch nicht verstehen, was da vor sich ging. Mittlerweile hatte sich seine Frau von ihm distanziert, wollte offensichtlich nichts mehr von ihm wissen. Zudem schirmte sie die Kinder völlig ab, so dass er sie nicht mehr zu Gesicht bekam. Das tat weh, denn er liebte sie sehr. Sie waren sein ganzer Stolz. Aber irgendwie konnte er es seiner Gattin nicht einmal verübeln, vielleicht würde er gleich handeln.

Nun musste er sich mit Gericht, Anwalt und Gefängnisalltag herumschlagen. Das behagte ihm nicht besonders. Vor allem die langen Stunden des Alleinseins, des Nichtstuns, setzten ihm zu. Seine Zelle kannte er inzwischen in- und auswendig. Jede Unebenheit der Wände hatte er bereits studiert. Das Muster der Platten auf dem Fussboden hätte er wohl auswendig aufzeichnen können. Die Arbeit in den Werkstätten fand er auch nicht gerade erhebend, aber immerhin erlöste sie ihn von der Eintönigkeit. Das Essen war ordentlich, einfache Hausmannskost eben. Mit den anderen Häftlingen konnte er nicht besonders viel anfangen. Die meisten hatten nur kleine Delikte begangen und waren eher simple Gemüter.

Er seufzte. Und das alles vor Weihnachten. Nicht dass er mit solchen Festen viel am Hut hatte. Aber die Kinder! Ihre Vorfreude, ihre leuchtenden Augen, das alles hatte sein Herz jeweils mit Wärme und Freude erfüllt. Er musste zugeben, dass man sich im Gefängnis Mühe gab. Immerhin waren die Gemeinschaftsräume geschmückt. Aber ihm persönlich brachte solcher Firlefanz nicht viel. Einmal war sogar ein Frauenverein gekommen und hatte einen Adventsnachmittag gestaltet. Im Grunde genommen fand er solche Veranstaltungen dämlich. Um aber der Einsamkeit der Zelle zu entfliehen, hatte er trotzdem teilgenommen. Hinterher musste er zugeben, dass die Frauen es gar nicht so schlecht gemacht hatten. Irgendwie war er anschliessend fast ein bisschen zufrieden gewesen.

Nachdenklich legte er sich auf sein Bett und starrte an die weisse Decke. Was konnte er von seinem Leben noch erwarten? Er war sich bewusst: selbst wenn er seine Haft in einigen Jahren würde abgesessen haben, war seine Zukunft ruiniert. Wer wollte schon etwas mit einem Menschen zu tun haben, der sich die Hände so sehr beschmutzt hatte? Wahrscheinlich endete er dort, wo er begonnen hatte: in ärmlichen Verhältnissen, ohne grosse Aussicht auf irgendwelchen Erfolg, am

Rande der Gesellschaft. Ja, so hatte er es in der Kindheit erlebt. Allerdings musste er seinen Eltern zugutehalten, dass sie völlig ehrbare Menschen waren. Die Nachricht über die Entgleisung ihres Sohnes musste sie sehr getroffen haben. Bis jetzt hatte er noch nicht die Möglichkeit gehabt, mit ihnen in Kontakt zu treten. Ob sie dies überhaupt wollten? Und ob er es überhaupt wollte? Er konnte es noch nicht sagen.

Die einzige Person aus seinem Verwandtenkreis, die er bald sehen würde, war seine Schwägerin. Sie war Anwältin und hatte sich sofort eingeschaltet, als seine Verhaftung bekannt wurde. Ausgerechnet sie, gegen die er eine gewisse Abneigung hegte. Deshalb hatte er sie zuerst abgewimmelt, wollte nicht, dass sie sich einmischte. Doch als er erkannte, dass sein Pflichtverteidiger zu nichts taugte, nahm er das Angebot zähneknirschend an. Immerhin war sie eine der Besten in ihrer Branche. Es wäre ja idiotisch, sich gegen eine solche Chance querzustellen.

Doch eben, er mochte sie nicht. Irgendwie konnte er es ihr nicht verzeihen, dass sie seinen Bruder geheiratet hatte. Dadurch war einer seiner besten Kumpel nicht mehr frei verfügbar. Das gab ihm das Gefühl, eine wichtige Vertrauensperson verloren zu haben.

Nun würde er also das zweifelhafte Vergnügen haben, diese Frau zu treffen, und zwar schon in wenigen Minuten. Warum sie dieses Amt auf sich nehmen wollte, konnte er sich nicht erklären. Immerhin war er nun ein pechschwarzes Schaf in der Familie.

Als er geholt wurde, war ihm ein bisschen mulmig zumute. Seine Schwägerin sass schon da, hatte einen Stoss Akten vor sich liegen und blickte ihm freundlich entgegen. Verunsichert erwiderte er ihren Gruss. Wie konnte sie so nett sein? Immerhin war er nun ein Verbrecher. Doch das schien sie nicht zu beeindrucken. Sofort machte sie ihm klar, dass sie mit ihm zusammenarbeiten wolle und ihr Möglichstes tun werde, seine Strafe in einem tiefen Bereich zu halten. Anschliessend sei sie daran interessiert, seine Reintegration in die Gesellschaft zu begleiten. Sie habe genügend Beziehungen, damit sie ihm dort helfen könne. Völlig perplex schaute er sie an. Wo blieb die Standpauke? Oder zumindest die Verachtung in ihrer Stimme oder ihrem Blick? Oder vielleicht eine unterschwellige Anklage? Da seine Mimik Bände sprach, lachte sie und meinte: „Ich weiss, was du von mir erwartest. Vergiss es! Du bist ein Mensch wie ich auch. Der einzige Unterschied: du hast dich zu etwas verleiten lassen, das dich nun einiges kosten wird. Aber ich weiss, dass das nicht wirklich du bist. Ich weiss, dass du ein guter Kerl bist und ich mag dich halt trotz allem. Immerhin bist du mein Schwager und gehörst zur Familie. Auch deine Eltern teilen diese Meinung. Mit deiner Frau sind wir in Kontakt, sie steht noch unter Schock. Also arbeite an dir und lass den Rest uns machen."

Dieser „Rest" war vorerst eine kurze Sache. Sie wollte nur noch einige Fakten von ihm wissen, dann packte sie ihre Papiere wieder ein, setzte den nächsten Termin fest und verabschiedete sich.

Völlig perplex ging er in seine Zelle zurück. In seinem Kopf begann es zu drehen. Und plötzlich passierte etwas, das er seit seiner Kindheit eigentlich nicht mehr gekannt hatte: die Tränen rannen ihm über die Backen. Es wurden fortlaufend mehr und schliesslich kam das Weinen tief aus seinem Bauch heraus. Es wurde immer heftiger und bald schüttelte es ihn richtiggehend. Auf einmal fiel wie eine Lähmung von ihm ab. Es war, als würde er aus einer langen Trance erwachen. Was war nur mit ihm passiert? Wie hatte er sich in so etwas verstricken können? Welche Geister hatten ihn da geritten? Er begann, laut und heftig zu schluchzen. Er konnte einfach nicht verstehen, warum er all dies angerichtet hatte. Er schämte sich zutiefst. Wie konnte er den anderen Menschen je wieder ins Gesicht schauen, oder - noch schlimmer - wie war es möglich, sich selbst wieder ins Gesicht zu schauen? Langsam ebbte der Heulkrampf ab, es wurde ruhiger in ihm. Erschöpft blieb er mit geschlossenen Augen liegen.

Plötzlich sah er die Gesichter der Kinder vor seinem inneren Auge. Sie wirkten so unschuldig und schienen von innen heraus zu leuchten. Dabei konnte er richtiggehend spüren, wie sehr dieses Licht sie an ein Leben, an eine Zukunft glauben liess. Auch wenn ihre Phantasien manchmal ein bisschen unrealistisch waren: es steckte viel Kraft in diesem Glauben, und diese Kraft hatte auch ihn getragen, an eine gute Zukunft glauben lassen. Nun hatte er alles zerstört. Oder vielleicht doch nicht? Gab es vielleicht noch eine Chance? Seine Schwägerin hatte ihm klar und deutlich gesagt, sie würde ihm helfen. Und was diese

Frau in die Hände nahm, gelang auch. Davon hatte er sich schon mehrfach überzeugen können. Er musste nur noch ja sagen, ja zu einer Zukunft.

Unvermittelt spürte er ein Sehnen danach, Weihnachtslieder zu hören, Kerzenlicht zu sehen und die Weihnachtsgeschichte zu lesen. War er nun etwa übergeschnappt? Brauchte er vielleicht einen Psychiater? Doch nein, irgendwo, tief in sich spürte er: etwas hatte sich verändert. Er wollte wieder leben und lieben. Er wollte seinen Kindern wieder Vater sein, seiner Frau wieder ein Ehemann. Und dieses Gefühl passte irgendwie zu Weihnachten. Er wusste zwar nicht warum, aber es war ihm auch egal. Es war einfach so. Ab jetzt würde er dieses Fest der Musik, der Lichter und der Verheissungen immer in seinem Herzen tragen. Es war von nun an untrennbar mit seinem Ja zu einem neuen Leben verbunden. Er wusste, dass er einen weiten Weg zu gehen hatte, aber er war bereit dafür. Dieses Licht, das seine Kinder trug, würde auch ihn tragen.

D. Literaturverzeichnis

Bentzen Marianne (2016). *Das neuroaffektive Bilderbuch*. Paragon Publishing.

Heller Diane Poole, Heller Laurence S. (2012). *Traumalösungen. Grundlagen zur Traumaarbeit*. Essen: Synthesis Verlag.

Heller Laurence S., Lapierre Aline (2013). *Entwicklungstrauma heilen*. München: Kösel-Verlag.

Krishnamurthy Kuppa Venkata (1995). *Spiegel des Absoluten*. Berlin: Theseus-Verlag. Kann auch über die Datta Yoga Centers Schweiz oder Deutschland (s. unten) bezogen werden.

Levine Peter A., Kline Maggie (2005). *Verwundete Kinderseelen heilen*. München: Kösel-Verlag.

Levine Peter A. (1998). *Trauma-Heilung*. Essen: Synthesis Verlag.

Levine Peter A. (2011). *Vom Trauma befreien*. München: Kösel-Verlag.

Sarasin Susanna (2016). *Die Kraft des Fokus*. Norderstedt: BoD.

Sarasin Susanna (2015). *Erinnere dich an deine Heimat, liebes Seelenkind*. Norderstedt: BoD.

Sarasin Susanna (2016). *Gute Reise, liebes Seelenkind*. Norderstedt: BoD.

Sarasin Susanna (2016). *Lerne verstehen, liebes Seelenkind*. Norderstedt: BoD.

Die nachfolgenden Werke sind über die Datta Yoga Centers Schweiz oder Deutschland zu beziehen:
www.dyc.ch oder www.dycgermany.de

Wunder seiner Heiligkeit. Berichte von Swamijis Anhängern aus Nord-Amerika.

Geschenkte Erfahrungen. Berichte von Swamijis Anhängern aus Deutschland und der Schweiz.

E. Bände 1 – 4

Gute Reise, liebes Seelenkind. Band 1
Wer bin ich?
Wer bist du?

Weisst du vielleicht eine Antwort auf diese Fragen? Dann weisst du mehr als ich. Aber ich lerne täglich unter der Obhut meines geliebten Lehrers Sri Ganapathi Sachchidananda Swamiji. Eines Tages kann ich vielleicht sagen: Jetzt habe ich es begriffen. Bis dann gehe ich unbeirrt meinen Weg und teile das, was ich schon weiss, mit denen, die es hören wollen. Du bist herzlich eingeladen, mich ein Stück weit auf meinem Lebensweg zu begleiten und an meinen Erkenntnissen teil zu haben. Dabei wirst du ziemlich sicher Parallelen in deinem Leben finden und dadurch die eigene Geschichte besser verstehen lernen.

ISBN: 978-3-7412-4073-7

Lerne verstehen, liebes Seelenkind. Band 2
Müssen wir wirklich bestimmte Dinge einfach GLAUBEN, wenn wir uns in spirituelle Bereiche begeben? Ich ziehe es aber eindeutig vor, zu WISSEN. Zudem bin ich überzeugt davon, dass effektiv die Möglichkeit besteht, durch geduldiges Forschen an Wissen heranzukommen, das uns viele bisher rätselhafte Phänomene erklärt.

Dieses Büchlein wendet sich an Personen, die mit entsprechenden Forschungen beginnen möchten bzw. bereits begonnen haben. Es liefert erste und einfachste Grundlagen, um ein Verständnis für unser Sein aufzubauen. Dadurch ermöglicht es dem Leser, eigene Erfahrungen und Beobachtungen einzuordnen und in der Folge immer mehr von sich und der Welt zu begreifen.

ISBN: 978-3-7412-4288-5

Erinnere dich an deine Heimat, liebes Seelenkind. Band 3
Woher komme ich? Wohin gehe ich nach dem Tod?

Wenn ich das wüsste, wäre mir um einiges klarer, wer ich in Wirklichkeit bin.

Ausgangspunkt von Band 3 dieser Bücherreihe ist wiederum meine eigene Geschichte. Die Suche nach Antworten trieb mich stetig voran. Meine Erlebnisse und die daraus erfolgenden Einsichten führten zu immer mehr Erkenntnissen.

Indem du, lieber Leser, mich auf meinem Weg begleitest, lernst du gleichzeitig viel von deiner eigenen Geschichte verstehen. Zudem bekommst du Einblicke in Dimensionen, die dir möglicherweise neu sind. Einerseits erhältst du also Antworten auf eigene Fragen, andererseits wird dieses Buch auch neue Fragen aufwerfen. Ich hoffe, du bist am Schluss der Lektüre motiviert, deine eigene Forschungsreise mit viel Neugierde fortzusetzen.

ISBN: 978-3-7386-2766-4

Die Kraft des Fokus. Band 4
Was kann ich tun, damit mein Leben besser funktioniert? Wie muss ich vorgehen, dass ich meine Ziele realisieren kann?

Wenn ich etwas erschaffen will, muss ich zuerst herausfinden, welche Mechanismen dem Ganzen überhaupt zugrunde liegen. Dies ist unter anderem die Aufgabe der Wissenschaft. Aufgrund der gewonnenen Erkenntnisse lassen sich dann Wege finden, Probleme zu lösen und gegebenenfalls auch neue Produkte entwickeln.

In Band 4 der Bücherreiche begeben wir uns deshalb auf eine Studienreise und untersuchen ein wichtiges Lebensprinzip, nämlich *die Kraft des Fokus*. Diese ist unmittelbar mit dem *Filterprinzip* verbunden, weshalb auch dieses diskutiert wird. Aus den beiden Mechanismen leiten wir wichtige Lebensgrundsätze ab. Diese helfen den Lesern zu überprüfen, ob ihre eigenen Lebensstrategien konstruktiv sind.

ISBN: 978-3-8370-1059-6